全単元・全時間の
流れが一目でわかる！

社会科
6年

365日の
板書型指導案

阿部 隆幸・紺野 悟・海老澤 成佳 著

明治図書

はじめに

　本書を手に取られた先生方の中には，もしかして日々，次のような悩みを抱えておられる方がいらっしゃるかもしれません。

・毎日の忙しさの中で，満足に教材研究ができていない。

・１時間の社会科の授業をどう流したらいいか，わからない。

・学年の先生方と，授業の流れを共有する時間が取れない。

・教師用指導書だけでは，細かい指示や発問がわからない。

・板書が整理できず，用語や説明の羅列になってしまう。

　本書が提案する「板書型指導案」は，このような悩みを解消する特効薬になり得る，学習指導案の形式です。

　わたしたち自身も以前まで，このすべての悩みを抱える一人でした。そんな中，「板書型指導案」の先行実践に出合い，シンプルな形式と利便性に感銘を受けました。そして，わたしたちなりに，さらに「毎日の教材研究の過程で作成でき，日常的に使える」実用的な形式を目指して，検討を重ねました。具体的には，「１枚を１時間程度で作成できるようでなければ，多忙な毎日の中でつくれない」と考えて形式を整え，改善と実践を積み重ねて蓄積してきました。

　我々が実感する「板書型指導案」の効果は，以下の通りです。

・職員室から教室に行くまでに，一目見てわかる。

・学年の先生方に配布することで，十分に情報を共有できる。

・作成する過程で，板書や授業の流れが整理される。

・「１時間の授業をデザインする力」が磨かれる。

・次年度以降に「すぐに使える」授業記録として残る。

　本書の特長として，６年生の社会科において，資料から児童が問いをもち，学習問題や学習課題を設定できるような授業を目指しました。さらに，高学年にありがちな難しい用語を覚えるだけの授業にならないよう，調べたことの意味や特色について児童が考えられる授業展開を意識しています。また，平成29年版学習指導要領に対応した単元構成で作成しました。具体的には，次の通りです。政治先行を想定した単元配列にしたこと。「わたしたちのくらしと日本国憲法」を第一小単元に設定したこと。世界との関わりや現在とのつながりを意識した歴史学習。「三人の武将」を「織田・豊臣の天下統一」，「江戸幕府の政治」に分けたこと。国際単元は，将来のグローバル社会の担い手として，参画意識につながるような学習展開にしたことなどです。本書が先生方の一助となれましたら，幸いです。

　2019年３月

　　　　　　　　　　　　　　　紺野　悟　　海老澤　成佳

目次

はじめに 2

1章 板書型指導案のススメ

- ◆板書型指導案って何？ 8
- ◆板書型指導案の歴史 9
- ◆板書型指導案の特長（よさ） 9
- ◆板書型指導案の読み方・書き方 12
- ◆板書型指導案を使った授業デザイン 16
- ◆板書型指導案を活用するときのコツ 20

2章 授業の流れが一目でわかる！社会科6年板書型指導案

1 わたしたちのくらしと日本国憲法（10時間） 22

- 1時 まちの様子から，どのような考えでまちづくりが行われているか考え，学習問題をつくろう。 22
- 2時 日本国憲法はどのようなものなのだろうか。 23
- 3時 憲法の基本的人権の考えは，わたしたちのくらしにどのように実現されているのだろうか。 24
- 4時 憲法の平和主義の考えは，わたしたちのくらしにどのように実現されているのだろうか。 25
- 5時 国民主権の考えは，わたしたちのくらしにどのように実現されているのだろうか。 26
- 6時 国会は，だれが，どのように，何をしているのだろうか。 27
- 7時 内閣は，だれが，どのように，何をしているのだろうか。 28
- 8時 裁判所は，だれが，どのように，何をしているのだろうか。 29
- 9時 日本国憲法と国の政治について関係図に表し，学習問題の結論を考えよう。 30
- 10時 日本国憲法や国の政治のしくみについて，自分の考えをスピーチに表そう。 31

2 願いを実現する政治（7時間） 32

- 1時 現在，日本はどのような状況なのだろうか。 32
- 2時 川口市の課題について話し合い，学習問題をつくろう。 33
- 3時 児童センターでは，どのような活動が行われているのだろうか。 34
- 4時 子育て支援の願いは，どのように実現させていくのだろうか。 35
- 5時 子育て支援のための費用はどうなっているのだろうか。 36
- 6時 他の地域では，どのような活動が行われているのだろうか。 37
- 7時 調べたことを関係図にまとめ，学習問題の結論を考えよう。 38

3 縄文のむらから古墳のくにへ（7時間） 39

- 1時 縄文時代の人々は，どのような生活をしていたのだろうか。 39
- 2時 弥生時代の人々は，どのような生活をしていたのだろうか。 40
- 3時 縄文時代と弥生時代の生活の様子を比べ，学習問題をつくろう。 41
- 4時 米づくりが広がったことで，むらの生活はどのように変わったのだろうか。 42
- 5時 大仙古墳はどのような墓なのだろうか。 43

6時 古墳がつくられたころ、
世の中はどのような様子だったのだろうか。 44

7時 むらからくにへ変化した様子を整理し、
学習問題に答えよう。 45

4 天皇中心の国づくり（6時間） 46

1時 法隆寺を建てた聖徳太子は、
どのような働きをした人物なのだろうか。 46

2時 聖徳太子が活躍した当時の世の中の様子について調べ、
学習問題をつくろう。 47

3時 中大兄皇子は、
どのようにして天皇中心の国づくりを進めたのだろうか。 48

4時 聖武天皇はどのようにして
世の中を治めていったのだろうか。 49

5時 聖武天皇の時代には
どのような国際交流が行われていたのだろうか。 50

6時 人物の役割を考えて、学習問題の結論を考えよう。 51

5 貴族の生活と文化（4時間） 52

1時 平安時代の貴族のくらしについて調べ、
学習問題をつくろう。 52

2時 平安時代はどのような文化が栄えたのだろうか。 53

3時 平安時代の仏教はどのようなものだったのだろうか。 54

4時 今日に残る平安時代の文化について考え、
学習問題の結論を考えよう。 55

6 武士による政治（6時間） 56

1時 武士はどのようなくらしをしていたのだろうか。 56

2時 武士と貴族の関係について調べ、学習問題をつくろう。 57

3時 平氏と源氏はどのように勢力をのばしたのだろうか。 58

4時 頼朝が開いた幕府は、
これまでの政治とどのようなちがいがあるのだろうか。 59

5時 幕府は元とどのように戦い、
その後、どうなったのだろうか。 60

6時 武士の世の中絵巻をつくり、学習問題のまとめを考えよう。 61

7 今に伝わる室町文化（4時間） 62

1時 京都に幕府が置かれたころ、
どのような文化が生まれたのか考え、学習問題をつくろう。 62

2時 室町時代に生まれた文化は、どのような文化なのだろうか。 63

3時 武士が中心の室町時代、
庶民の生活はどのようなものだったのだろうか。 64

4時 調べたことを整理して、学習問題の結論をまとめよう。 65

8 織田・豊臣の天下統一（5時間） 66

1時 戦国時代の勢力図を読み取り、学習問題をつくろう。 66

2時 織田信長は戦国大名とどのような戦いをしたのだろうか。 67

3時 信長はどのようにして勢力を広げていったのだろうか。 68

4時 豊臣秀吉は、天下統一後、
どのように全国を支配したのだろうか。 69

5時 織田信長と豊臣秀吉の天下統一重大ニュースを考え、
学習問題をまとめよう。 70

9　江戸幕府の政治（6時間） …… 71
- **1時** 徳川家康は信長や秀吉と同じような政治をしたのだろうか。 71
- **2時** 日光東照宮をつくった3代将軍徳川家光について調べ，学習問題をつくろう。 72
- **3時** 幕府はどのようにして大名を支配したのだろうか。 73
- **4時** 幕府はどのようにして人々を支配したのだろうか。 74
- **5時** 幕府はなぜキリスト教を禁止したのだろうか。また外国との関わりはどうなったのだろうか。 75
- **6時** 家光の業績をまとめ，学習問題のまとめを考えよう。 76

10　江戸の町人文化（6時間） …… 77
- **1時** 江戸時代の人々の様子を話し合い，学習問題をつくろう。 77
- **2時** 江戸時代の百姓や町人はどのような生活をしていたのだろうか。 78
- **3時** 江戸時代の町人たちはどのような文化を楽しんでいたのだろうか。 79
- **4時** 江戸時代の学問は，社会にどのような影響をあたえたのだろうか。① 80
- **5時** 江戸時代の学問は，社会にどのような影響をあたえたのだろうか。② 81
- **6時** 調べたことを整理して，学習問題に答えよう。 82

11　明治維新と近代化（8時間） …… 83
- **1時** 江戸の終わりごろと明治のはじめごろの様子を比べて学習問題をつくろう。 83
- **2時** ペリーの来航は，世の中の変化にどのような影響をあたえたのだろうか。 84
- **3時** 強い日本にするために，どのような人たちが，どのような考えで行動したのだろうか？ 85
- **4時** 明治政府はどのような改革を行い，どのような国を目指したのだろうか。 86
- **5時** 明治時代になり，人々のくらしや考えはどのように変わったのだろうか。 87
- **6時** 政府の改革に対して不満をもった人々は，どのような行動をしたのだろうか。 88
- **7時** 自由民権運動の結果，明治の日本の政治のしくみはどのようになったのだろうか。 89
- **8時** 調べてきたことを整理し，学習問題のまとめを考えよう。 90

12　世界に歩み出した日本（6時間） …… 91
- **1時** 日本の立場を向上させる方法を話し合い，学習問題をつくろう。 91
- **2時** 日本は不平等条約によってどのような影響を受けていたのだろうか。 92
- **3時** 日清戦争，日露戦争によって日本はどのようになっていったのだろうか。 93
- **4時** 戦争に勝った日本はどのようになっていったのだろうか。 94
- **5時** 国際的に地位が向上しても，人々はどのような不満をもっていたのだろうか。 95
- **6時** 調べたことを整理して，学習問題に答えよう。 96

13　戦争と人々のくらし（7時間） …… 97
- **1時** 戦争について知っていることや考えたことをもとに学習問題を考えよう。 97

2時 長く続いた昭和の戦争は，
なぜ始まってしまったのだろうか。 98

3時 戦争はどのように世界に広がっていったのだろうか。 99

4時 戦時中，人々はどのような生活をしたのだろうか。 100

5時 日本各地の都市は
空襲によってどのような被害を受けたのだろうか。 101

6時 長く続いた戦争はどのように終わったのだろうか。 102

7時 学習問題についてまとめ，
戦争について自分の考えを書こう。 103

14 戦後復興（6時間） ……………………………… 104

1時 戦後の日本の様子から，学習問題を考えよう。 104

2時 戦後，日本はどのような国を目指したのだろうか。 105

3時 日本と世界の関係や，
国内の様子はどのようになったのだろうか。 106

4時 東京オリンピック・パラリンピックが開催された日本は
どのような国になったのだろうか。 107

5時 戦後の日本がどのように歩んできたかふり返り，
学習問題の結論を考えよう。 108

6時 これからの日本は，
どのような国になっていくべきだろうか。 109

15 「世界の中の日本」（1時間） ……………………… 110

1時 日本と世界はどうつながっているのだろうか。 110

16 「日本とつながりの深い国々」（6時間） ……………… 111

1時 日本は特に，どの国とつながりが深いのだろうか。 111

2・3・4時 日本とつながりの深い国々は
どのようなくらしをしているのだろうか。 112

5・6時 日本とつながりの深い国々の様子から，
これからのことを話し合おう。 113

17 世界の未来と日本の役割（8時間） ……………… 114

1時 世界の様子を話し合い，学習問題をつくろう。 114

2時 世界にはどんな問題があり，
だれがどのように解決しているのか調べる計画を立てよう。 115

3時 国際連合は世界の様々な問題に
どのような役割を果たしているのだろうか。 116

4時 日本はどのような国際的な活動をしているのだろうか。 117

5時 平和な世界を実現するために，
どのような活動をしているのだろうか。 118

6時 地球の環境を守るために，
世界でどのように取り組んでいるのだろうか。 119

7時 なぜこのチョコレートは高いのだろうか。 120

8時 学習問題の結論を考えよう。 121

おわりに 122

1章 板書型指導案のススメ

◆板書型指導案って何？

「社会科の授業を少しでも魅力的なものにしたい」と思いつつ，「学校の教育活動全体が忙しくてなかなか社会科の授業改善に取り組めない」でいて，結局は「教科書や教師用指導書を少し参考にしただけで整理できず頭がゴチャゴチャのままで授業をしてしまっている」という皆さまに，とっておきのこの本を紹介します。

> 「板書型指導案」です。

「板書型指導案」という名前を初めて耳にする方もいらっしゃることでしょう。本書2章以後の実物を見ていただければ一目瞭然ですが，ここでは下のように定義しておきます。

> 「板書型指導案」とは，1枚の用紙の中に
> (1) 本時の板書計画を紙面の中心に大きく描き，
> (2) 板書だけでは伝わりにくい本時の流れや意図，要点，身につけたい力と評価などを周辺に書き出した
> 毎日の授業に活用できる指導案のことです。

みなさんは「学習指導案」の書式や書き方を吟味したことがありますか。研究授業等を中心に「書かねばならない状況」で「決められた書式」を与えられて書くことが当たり前で，考えたこともない

という方が多いことでしょう。決められた組織で決められたフォーマットで進めることは仕方ありません。しかし，日常の授業を進める中で学習指導案を「形骸的な」「仕方のないもの」としか捉えられない状況だとしたら，もったいないことをしています。

過去には，社会科において討論中心の授業を展開するための学習指導案の作成を検討した佐長健司先生の研究[1]などがあります。実際の授業と案（計画）を機能的に結びつけようとした試みです。

最近ではアクティブ・ラーニングの授業を進めていく際に手軽に進行できる考えとして「アクティブ・ラーニングデザインシート」[2]を作成することを勧める提案も参考になります。

日々の授業と連動してこその学習指導案です。学習指導案を身近なものとして引き寄せて，日常の授業に活用しましょう。それができるのがこの「板書型指導案」です。

本書は，2つの使い方ができます。

1つは，本書を使って毎日の社会科授業を展開できることです。全単元全時間の「板書型指導案」を掲載しました。本書を参照してもらえば，子どもたちが退屈を感じる社会科授業からの脱却が望めるでしょう。

2つは，本書をヒントに「板書型指導案」を作成できることです。以下では考え方，書き方のコツを紹介していきます。もちろん，本書を参考に微修正していくことも一つの方法でしょう。

◆板書型指導案の歴史

「板書型指導案」はわたしたちが発案したものではありません。もとをたどりますと,刊行物としては北海道社会科教育連盟が2008年10月に「社会科板書型指導案 Vol.1」を発刊したのがはじまりのようです。札幌市社会科教育連盟(委員長 新保元康先生)のホームページで Vol.11まで発刊されています[3](2018年8月現在)。この板書型指導案を紹介する形で,当時,文科省初等中等教育局教科調査官だった安野功先生が「新感覚の指導案として,いま,私が最も注目しているのが,板書型指導案だ」[4]と述べています。

また,社会科以外に視野を広げて探してみますと,北海道社会科教育連盟のものとは形式や考え方が若干異なるようですが,山口県教育委員会が県内の学校に「板書型指導案」を広げている様子がわかります[5](平成28年現在)。

以上のような先行実践を知り,「板書型指導案」の作成のしやすさ,実際の授業での使い勝手のよさに魅了された社会科研究会の仲間が集まりました。話し合いを重ね,より作成しやすい,使い勝手のよい「板書型指導案」のフォーマットを整えました。そして,各自,自らの授業実践を中心に毎時間の社会科授業の内容を「板書型指導案」としてまとめていきました。実践を積み重ねた結果,3,4,5,6年の社会科全単元全時間を「板書型指導案」にまとめることができました。

本として出版するにあたり,実践して蓄積した「板書型指導案」に2つのことを加味,修正しています。

第一は,新しい学習指導要領との整合性です。2020年度から全面実施する新学習指導要領の内容に合うように内容を整えました。移行期間である2019年度からすぐに使えるようになっています。

第二は,客観的にわかりやすいかを考えて文章表現やレイアウトを整えました。「板書型指導案」を作成し始めた当初は自分たちがわかればよい程度の認識で作成していました。本にするということは,第三者に伝わるような書き方をしなければなりません。フォーマットを極力統一するように努めました。学習内容により授業の進め方や考え方が異なります。加えて,学年や単元で執筆者が異なります。全く同じというようにはいきませんが,ページをめくっていく中で内容を読み取るために難しくならないように努力したつもりです。この工夫については,あとの「板書型指導案の読み方・書き方」で説明します。

◆板書型指導案の特長(よさ)

ここでは,板書型指導案の特長(よさ)をまとめることを通して,同時に本書の特長(よさ)も書き出していきたいと思います。安野功先生,新保元康先生,安達正博先生,前原隆志先生が書かれた文章を参考にしています(117頁参照)。

この4名の先生が説く「板書型授業案」の特長を整理すると次の7つになります。

> 板書型指導案の特長（よさ）
>
> 1　授業の（ゴール）イメージができること
> 2　授業の流れがわかること
> 3　教師自身が教材について学べること
> 4　学習内容の整理ができること
> 5　授業記録として活用できること
> 6　授業参観者のための指導案と手持ちの指導案を兼ねること
> 7　いつでも実践できること

　以下，説明していきます。

1　授業の（ゴール）イメージができること

　「板書型指導案」は板書の完成したものとほぼ同等です。指導案を見ることで授業が終わった状態がイメージできます。また，授業途中に参照することで，今（ゴールの）どの程度まで進んでいるかも視覚的に確認することができます。板書型指導案を見たり，書いたりすることを続けることで，授業イメージを容易にもてることになるでしょう。

　「一目で明確に示すことができる」ことは，「社会科が苦手な先生」以外に，例えば，様々な業務で忙しく，なかなか授業研究に時間を割けない先生にとっても魅力です。偶然生じた，すきま時間にこの板書型指導案をさらっと眺めるだけでも，頭の中に授業をイメージして授業に臨むことができるのです。

2　授業の流れがわかること

　「板書型指導案」では完成した板書構成図を紙面の中心に置きつつも，その周辺に授業の流れ（本書の「板書型指導案」では「つかむ」「調べる」「まとめる」と表記）を書くようにしています。これで，「静的な板書構成図」が「動的な板書構成図」に変身します。

　ゴール（目標や結果）と流れ（過程）を簡単にわかるようにしたことで，誰もが授業をしやすくなっているのです。

3　教師自身が教材について学べること

　本書は「本書を利用して全学年全単元全時間の授業を手軽に気軽に実践してもらう」ことと，「本書を利用してご自分の板書型指導案を作成してもらう」ことの大きく2つの使い方があります。

　まず「手軽に実践したい」と思って手にした方は，板書型指導案に示してある資料をそのまま用意して授業に使えばよいわけです。文章で説明してある資料ではなく視覚的にわかる資料なので，すぐに準備できますし，すぐに使えるはずです。いつ，どこで，どのように使うかがすぐにわかるのもよいです。本書を使い続けることで，資料提示のコツなどもわかってくることでしょう。

　次に「板書型指導案を作成したい」と思って手にしている方は，本書の資料提示を参考にしながら自分なりの資料を集めてみる，提示してみるということを試してみることができます。0から考える

のはなかなか大変なことですが，参考にする見本があるということはとても助かります。

4　学習内容の整理ができること

　1回の授業に見合った器（うつわ）で物事を考えて進めましょう。時間は1時間です。黒板の広さは決まっています。その時間の子どもたちの活動範囲，思考範囲，吸収できる知識量も1時間の授業分だけです。

　そう考えると，「あれもこれもそれも」と教えたい内容や方法の最大容量を書き出すのではなく，「あれとこれとそれ」と必要最小限を書き出して，授業中にそれ以外のモノやコトが出てきても受け止められる余裕を設けておくことは，子どもたちが主体的に学ぶ姿勢を育てるために必要です。

5　授業記録として活用できること

　「板書型指導案」は作成して終わり，の指導案ではありません。「計画」だけでなく，「記録」ができることにその素晴らしさがあります。

　例えば，本時の授業に該当するページをコピーしてバインダーにはさみ，カラーペンを持ちながら授業を進めます。こうすることで授業を進めながら気づいたことをメモすることができます。

　授業が終了した時点での完成予定の板書構成が描かれていることで，実際に進めた授業とのちがいが明確であり，そのちがいをもとにした気づきや考えを書き留めればよいのです。

6　授業参観者のための指導案と手持ちの指導案を兼ねること

　板書型指導案は，1枚の用紙に板書の完成案を用紙の中心に描き，板書構成に説明しきれない流れや工夫等をその周辺に書きます。自分だけのメモのようになりつつも，第三者にも一見してすぐに理解してもらえるレイアウトです。ユニバーサルデザイン的なのです。

7　いつでも実践できること

　「板書型指導案」の最後の特長として「いつでも実践できること」を挙げます。

　一見して「授業イメージ」ができて，一見して「準備物がわかり」1枚の用紙に作成するので，一般の学習指導案よりも簡単に作成できます。

　また，本書をそのまま活用すれば，全単元全授業をさっと展開することができます。少しでも先生方の仕事への負担軽減とともに授業の質の向上に寄与できましたならうれしく思います。

【注】
(1) 佐長健司「社会科討論授業のための学習指導案の内容と作成方法」（社会系教科教育学会『社会系教科教育学研究』第11号　1999年）pp.11-18
(2) 水落芳明・阿部隆幸編著『これで，社会科の『学び合い』は成功する！』(学事出版)
(3) 社会科板書型指導案―札幌市社会科教育連盟　http://www.school-ed.jp/shi-sharen/sidouan
(4) 安野功著『ヤング感覚"ザ・社会科授業"単元ストーリー化で子どもノリノリ』（明治図書）p.160
(5) 計画をもって授業に臨んでいますか～板書型指導案活用のすすめ～山口県教育委員会　http://www.pref.yamaguchi.lg.jp/cmsdata/c/0/9/c09b1410329a2668b208fd359302bdd7.pdf

◆板書型指導案の読み方・書き方

　本書2章からの板書型指導案の構成を説明します。構成を知るということは，逆に考えれば，そのような構成で書けばよいということにつながります。ぜひ，構成を知ってさっと読み取ってすぐに授業を進められるようになると同時に，頭に浮かんだ授業のアイデアを板書型指導案に書き記せるように挑戦してみてください。

　ちなみに，これから説明する「板書型指導案の構成」は，本書2章の「板書型指導案」実物の説明になります。先に紹介しています通り，全国には「北海道社会科教育連盟」や「山口県教育委員会」が提示している「板書型指導案」もありますし，他の研究会，自治体で作成，推奨している板書型指導案があるかもしれません。それとは異なることをご承知の上お読みください。

　本書の「板書型指導案」は大きく4つの部分から成り立っています。以下です。

```
1　見出し
2　つけたい力と評価
3　板書計画
4　授業の流れ
```

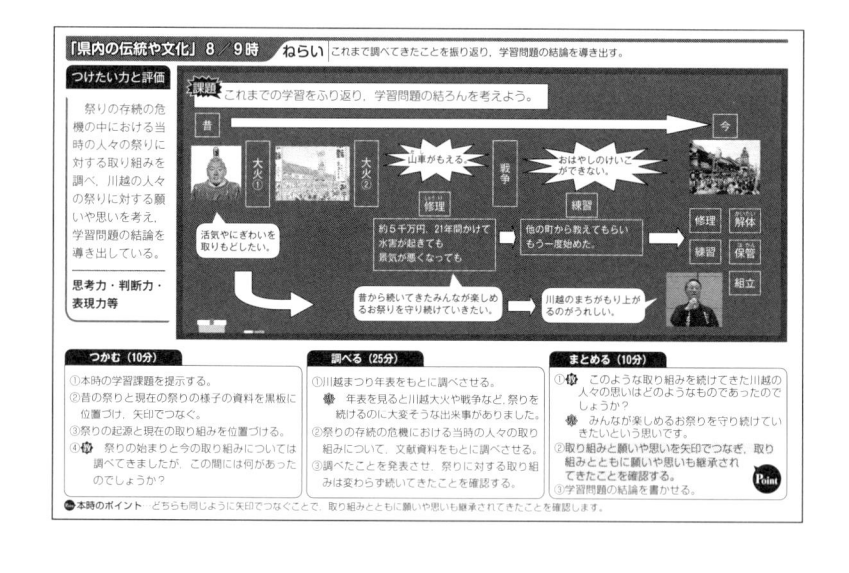

1　見出し

　「単元名」「総時間」「何時間目か」「ねらい」を示しています。ここで，ざっと社会科授業全体の，そして，単元全体の位置づけを把握します。板書型指導案は単元全体よりも1時間に焦点を絞った指導案です。「見出し」において，全体の位置づけを確認しておくことは本時1時間を深く考えていく前段階として大切です。

2　つけたい力と評価

　「見出し」の「ねらい」を受けて，この授業でどのような力を身につけようと考えているかを記述します。

　本文最後に，学習指導要領が掲げている育成したい3つの資質・

能力として挙げられている「知識及び技能」「思考力・判断力・表現力等」「主体的に関わろうとする態度」のうち，本時ではどれに最も焦点を当てて授業を行うかを記します。

3 板書計画

「板書型指導案」の中心を構成する板書計画です。

本時の板書の完成形を描くことが目標になります。わたしたち授業者にとってよりよい板書というのはそれぞれ異なることと思いますが，以下の点を考えて板書計画に表しました。本書を読み取るとき，そして，板書型指導案を作成するときの参考にしてください。

---

(1)学習課題を書く（基本形は左上）
(2)まとめが明示できる授業の場合はまとめを書く
(3)時間の流れは，基本的に左から右に書いていく
(4)効果的な資料配置を考えて明示する
(5)言葉を精選して黒板に表記する（冗長にならない）
(6)記号（矢印，吹き出し，枠囲み等）を効果的に使う

説明を加えます。

(1)学習課題を書く（基本形は左上）

本時で何を学ぶのか，何に向かっているのかを子どもたちに示すことは，子どもたちに学習の見通しをもってもらうため，つまり，主体的に学ぶ姿勢を培うために大切です。それが学習課題を書くという行為です。

この学習課題をいつも同じ場所に書くことで子どもたちはいつでも安心して，今行っている学習の目標や方向性を確認できます。本書では左上を基本形としました。

(2)まとめが明示できる授業の場合はまとめを書く

完成した板書を描くのが板書型指導案の特長です。学習課題に対応した「まとめ」が事前に書けるような授業内容のときは書いておきます。これで板書型指導案を参照しながら授業をする限り，「まとめ」をしないで終わるとか，授業終了時に「まとめ」の内容をどのようにするか悩むようなことはなくなります。

(3)時間の流れは，基本的に左から右に書いていく

本書では左から右へ書いていくことを基本形にしました。社会科の教科書やノートが横書きで文章が左から右へ進むので，それに合わせた方が子どもたちに違和感がないだろうという考えからです。

しかし，学習する内容によっては，黒板中央にテーマを書いて放射線状に文字や資料を配置していく方がわかりやすい場合もあるでしょう。また，マインドマップのようなマップ形式で表記していく方がよい場合もあるかもしれません。

基本形をもとにし，その都度，学習目標や内容によって記述方法を柔軟に変えられるのが理想です。

(4)効果的な資料配置を考えて明示する

　社会科の授業では，資料を用いる場面が多いです。だからこそ，視覚的に配置を明示できる板書型指導案の価値が高まります。

　事前に資料を黒板の位置にいつ貼付するか，その資料にどのような文字を補足するか，ということを板書型指導案にすることで考えられるようになります。そして，これらを事前に考えることは授業をスムーズに進めるためにとても大切なことです。

(5)言葉を精選して黒板に表記する（冗長にならない）

　黒板という限られた空間に，どんな言葉をどこに書くかを考えます。事前に言葉を精選し，効果的な場所にそれを書き記すことを考えるわけです。板書の完成形を事前に考える板書型指導案だからこそできる特長です。一般的な時系列で本時の展開を書き表す学習指導案の場合，言葉の説明だけで大切なことを板書しなかったり，板書に長々と文章を書いてしまったりと極端な板書になることがあります。これでは，授業の目標を達成しにくくなります。

(6)記号（矢印，吹き出し，枠囲み等）を効果的に使う

　考えて配置した資料や精選した言葉を，もっとわかりやすくしてくれるものが「記号」です。ここで言う「記号」とは矢印や吹き出しや枠囲み，そして色（カラー）等を指します。

　考え抜いて配置した資料や言葉が，矢印で流れを示されたり，吹き出しで資料と言葉のつながりがわかったり，枠囲みで他の資料や言葉よりも大切であることが強調されたりすることになります。つまり，平板な板書が立体的な板書になるのです。

4　授業の流れ

　「板書型指導案」の中心は「板書計画」です。この「板書計画」は板書の完成予想図です。完成予想「図」ですので，「静的」なものです。変化（移り変わり）がわかりません。何も描かれていない状態の黒板がどのようにしてこの「板書計画（板書の完成予想図）」になったかがわからないのです。

　この「静的」な「板書計画」を「動的」なものにしてくれる役割がこの「授業の流れ」です。

　「板書計画」では授業の「結果（目標達成の姿）」がわかり，「授業の流れ」では授業の「過程（目標達成するまでの経過）」がわかります。「板書計画」と「授業の流れ」を併せて見ていくことで，本時の授業が浮き彫りになるという構造です。

　「授業の流れ」に関しても，授業者各自のこだわり，わかりやすさ等があると思います。本書では下のようなフォーマットで作成しています。少し説明を加えます。

(1)「つかむ」「調べる」「まとめる」の３場面に分割した

(2)丸付き数字の箇条書きで授業の流れを説明した

(3)教師の指導言を🈔，児童の予想される反応を🈟とした

(4)各時間の最も大切な箇所に「網掛け（ Point ）」を付けた

(5)「網掛け（Point）」部分で意識したいことを記述した

(1)「つかむ」「調べる」「まとめる」の3場面に分割した

　「主体的・対話的で深い学び」を授業で進めていく中で，「調べる」活動が社会科の中では大切になってきます。その前後を挟むように「つかむ」と「まとめる」を配置しました。

(2)丸付き数字の箇条書きで授業の流れを説明した

　「板書計画（板書の完成予想図）」に至る流れを示すのがこの丸付き数字の箇条書き部分です。「つかむ」「調べる」「まとめる」の場面の中でどのような順序で，方法で，内容で目標まで進めるかを時系列で記述します。

　ここに書き出すときに気をつけたいことは，大きく2つあります。

　一つは目標達成に向けて教師の指導言（説明，指示，発問）が多すぎないか，子どもたちの活動の種類が多すぎないかということです。子どもたちは教師の言動に振り回されすぎて主体性を発揮できなくなります。教師の指導言を常に待ち続けるようになってしまいます。

　もう一つは目標達成に向けて教師の指導言が少なすぎないか，子どもたちの活動の種類が少なすぎないかということです。主体性を発揮してもらうために教師のコントロール度を減らそうと指導言を減らしたり，たっぷり試行活動をしてもらおうと一つの活動時間を長く確保したりしても，目標に向かうための指針になる大切な働きかけが欠けていたら，子どもたちは授業の中で立ち往生します。

　つまりは，適度な教師の指導言か，適切な子どもたちの活動かを見定める必要があるわけです。この多すぎず少なすぎずを意識してもらうためには，本書の「学習の流れ」のスペースは大変適していると作成経験，実践経験をもとに感じるところです。

(3)教師の指導言を教，児童の予想される反応を児とした

　本時の授業の中で重要になる「教師の指導言」に教を，ぜひ導き出したい児童の反応を児と記述しました。

　限られたスペースの中で，教や児を記述するのはなかなか難しいことです。つまりは，そこまでして「授業の流れ」に記載したかった，記載する必要があった大切な「指導言」であり「反応」であるということです。

(4)各時間の最も大切な箇所に「網掛け（Point）」を付けた

　他の先行実践の「板書型指導案」に見られないわたしたちの「板書型指導案」独特の特長がこの各時間の最も大切な箇所に「網掛け（Point）」を付けたことです。

　各時間の最も重要な活動であり，本時の授業の目標を達成させるために，本時の授業を成立させるために絶対に欠かせない活動を意識して目立たせています。本書の「板書型指導案」を活用して授業を行う際，最低限この部分だけはおさえて授業を進めるようにして

ください。

⑸「網掛け（🅿Point）」部分で意識したいことを記述した

　これも上述の⑷に関わって本書が紹介する「板書型指導案」特有の表現です。各時間の一番下「本時のポイント」に記述している文章があります。これは，上述の⑷で説明した「網掛け（🅿Point）」部分を授業で進めるときに何を意識するのか，何を確認するのかを端的に記述したものです。

　各時間で最も重要な部分に関して説明をした文章ですので，これを読むだけでも，おおまかに本時の授業がわかります。

　本書の「板書型指導案」は，全学年全単元全時間を揃えたというところが最大のウリです。理論書ではなく実際の授業に活用してもらってナンボの本です。ぜひ，いつも社会科授業の手元に置き，書き込み等をしていただきながらボロボロになるまで活用していただけましたら幸いです。

◆板書型指導案を使った授業デザイン

　「板書型指導案」に示されている「板書計画」と「授業の流れ」をもとに日常の授業を展開すればよいという説明はわかったのだけれど，今ひとつ単元を通した授業のイメージがわかないという方のために，ここでは本書の「板書型指導案」を使用した授業実践例を紹介します。

　単元は「県内の伝統や文化」です。9時間構成ですが，間の4，5，6時間を見学学習にあてています。見学学習に行くまでの1，2時間目，見学学習を終えてからの8時間目を紹介します。

1　1時間目

　「ねらい」は「埼玉県内の祭りについて関心をもち，川越まつりの特徴について調べる」です。県内という大きな範囲から地元という身近なところへ焦点を絞ります。「一般（世間）」と「地元（自分の生活）」が結びついていることを感じてもらう大切な視点です。

　最初に，埼玉県の三大祭りを取り上げます。祭りが行われる市町村の位置と観光客数について調べます。その中で，川越まつりには100万人以上の観光客が訪れることに気づかせ，どんな祭りなのか知りたいという興味・関心を抱かせます。

　その後，祭りの映像資料や図を子どもたちに提供し，「山車」と「お囃子」という川越まつりの特徴を調べるようにしました。

1章 板書型指導案のススメ

図1 「県内の伝統や文化」の板書型指導案1時間目

図2 1時間目の子どもたちの振り返りノート

子どもたちのノートからは「いつどこでできたのかが知りたいです」と今後の単元を通す課題をもつことができています。また、「すごいと思いました」「驚きました」とこの学習をしなかったら抱かなかった思いを書き記していることがわかります。

図3 1時間目の実際の板書

2　2時間目

「ねらい」は「川越まつりの起源や変化について文献資料や図絵、写真をもとに調べ、学習問題を考える」です。1時間目で川越まつりについての興味・関心を子どもたちに抱いてもらったあと、「いつどこでこの祭りが始まったのか」という疑問を出発点として単元全体の学習問題を考えていきます。

「なぜ始まったのか」という問いから年表を活用する学習を進めます。読み取る中で「380年前に起きた大火の復興策」であったことがわかります。そこで「昔の祭りの様子（絵図）」と「今の祭りの様子（写真）」を比較するように促します。その結果「時期や時間の経過」からの変化は見られるものの、「祭りの様子」は370年の間、ほとんど変化していないことに気づかせます。これで「370年も変わらずに祭りを続けてきたのはなぜか」という学習問題に自然につなげることができます。

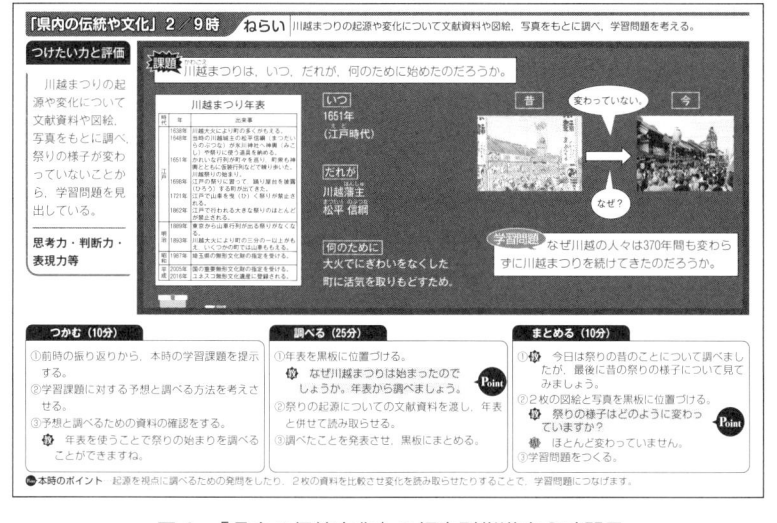

図4　「県内の伝統文化」の板書型指導案2時間目

図5　年表を読み取ったノート

図6　絵図と写真を比べたノート

2時間目の子どもたちのノートが図5と図6です。

　図5は年表を読み取ったときのことを書いています。赤い文字で「大火で多くの町がもえた」という気づきを、とても大々的に記述しています。この祭りの起源はしっかりと記憶に残ることでしょう。

　図6は昔と今の祭りの様子を比較して読み取ったことを書いたノートです。白黒とカラーのちがいだけでほとんど同じであることをしっかりと感動的に書いています。

　このあと、4、5、6時間と見学学習に入りました。川越まつりの一般的な特徴と歴史的な流れについて事前に知識を入手し、かつ、370年という長い年月の間、「祭りの様子」が変わらずに続けてこられたのはどうしてだろうという多くの誰もが抱く明確な学習問題をもって見学学習に入りました。多くの子どもたちが意欲的に参加できました。

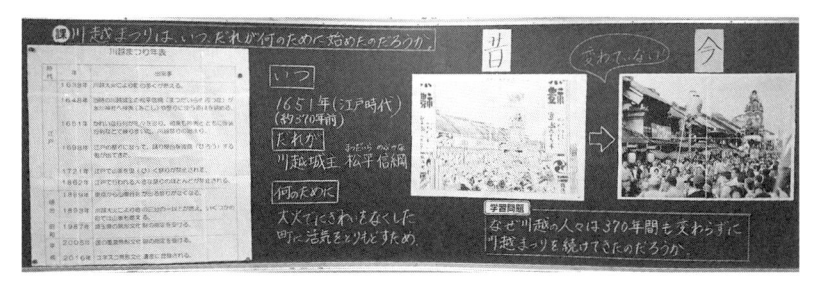

図7　2時間目の実際の板書

3　8時間目

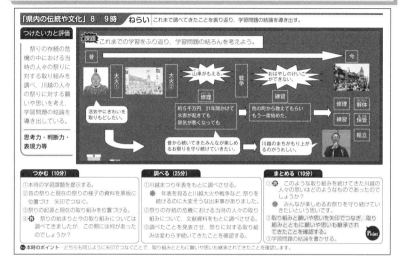

図8　「県内の伝統文化」の板書型指導案8時間目

見学学習を終えてからの7時間目を経て，8時間目。「ねらい」は「これまで調べてきたことを振り返り，学習問題の結論を導き出す」です。2時間目に子どもたちとつくった「370年も変わらずに祭りを続けてきたのはなぜか」という学習問題の解決を図ります。今まで学習してきたことを整理することで結論が導き出されるであろうという考えから，「時期や時間の経過」に着目して捉えられるように左から右側へと時系列での板書構造を考えました。

時系列で板書を記述していく段階で，その都度「祭りの起源から現在までの間には何があったのでしょうか」「現在の取り組みは昔から続いてきたのでしょうか」という発問を交えていきました。

その結果，子どもたちは，祭りが始まってから現在までの間に，大火，水害，戦争など祭りの存続に関わる危機があったことを確認し，その都度，危機を乗り越えようとする当時の人々の取り組みがあったことを知ることができました。

これら一連の学習したことをまとめるために，「このような取り組みを続けてきた人々の願いや思いはどのようなものであったのでしょうか」という発問をしました。

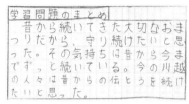

図9　8時間目の子どもたちの振り返りノート

子どもたちのノートには「大切なおまつりだから，守り続けたいと思った。その気持ちは昔から今までずっと続いている」とか「次の世代の人が楽しめるように守ってほしい」というように，祭りを保存，継承していく取り組みとともに人々の思いや願いも受け継がれてきたことを考えることができています。時間を越えた人々の取り組みと願いや思いを関連づけたり総合したりすることで，学習問題の結論を導き出したと言えるでしょう。

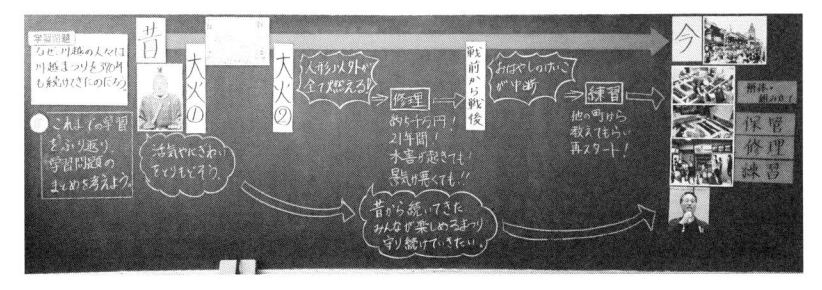

図10　8時間目の実際の板書

図11　8時間目の授業の様子

以上が，実践モデルです。

◆板書型指導案を活用するときのコツ

板書型指導案を活用するときのコツを最後に3つ挙げておきます。

1　単元全体を俯瞰しておくこと

　新しい単元に入る際，パラパラと単元分だけめくっていただき，単元の流れを把握してから1時間の授業を始めてください。前後の流れを把握した上で本時の授業を進めることで，より効果的な授業を展開できると思います。

2　とらわれすぎないこと

　板書型指導案の通りに板書をすることが本時の目的ではありません。板書型指導案はあくまでも「案」なのです。そして，この「案」は「プラン（計画）」のことを指すのであり，「プログラム（実施すると決まっていること）」のことを指すわけではありません。

　授業は「生もの」です。その時々によって，目の前にいる教師が「こうした方がよりよい」と思うことを選び取り，その先生と子どもたちでしかできない授業を創り出していってください。

3　子どもたちの考えを大切にすること

　授業の主人公は子どもたちです。

　板書にしても，教室にいる子どもたち全員が本時の目標に到達するための学びのコンパスの役割と考えます。先生方は板書型指導案という「地図」を片手に，子どもたちとのやりとりの中で実際に描いていく「板書」を通して本時の目標達成に導いてあげられるように構成していってほしいと思います。

2章 授業の流れが一目でわかる！社会科6年板書型指導案

「わたしたちのくらしと日本国憲法」 1／10時

ねらい 日本国憲法の考えが表されているまちの様子から，学習問題を設定する。

つけたい力と評価

日本国憲法の考えが表されているまちの様子から，学習問題を見出し，追究しようとしている。

主体的に関わろうとする態度

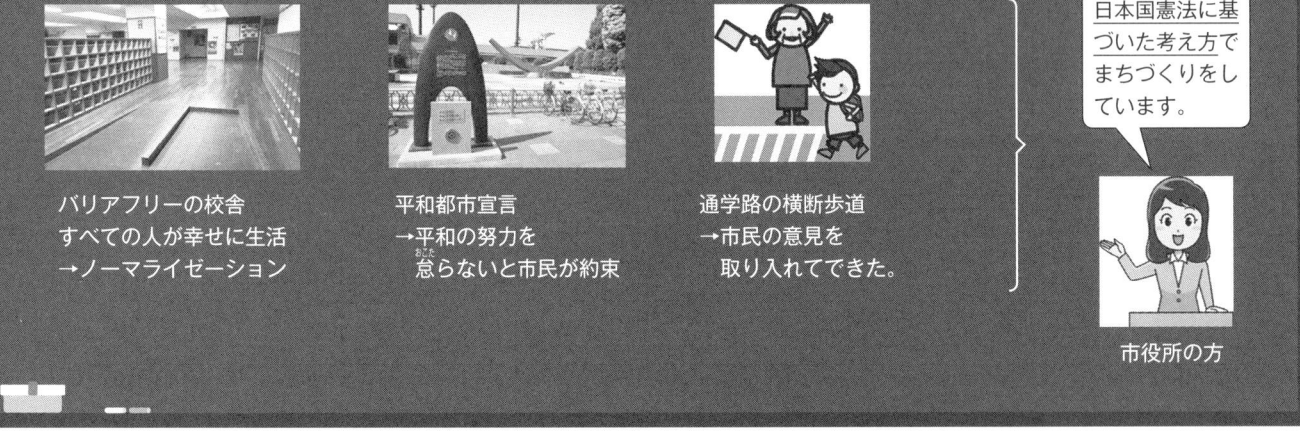

課題 まちの様子から，どのような考えでまちづくりが行われているか考え，学習問題をつくろう。

学習問題 日本国憲法はどのような役割があり，わたしたちのくらしとどのように関わっているのだろうか。

バリアフリーの校舎
すべての人が幸せに生活
→ノーマライゼーション

平和都市宣言
→平和の努力を
　怠らないと市民が約束

通学路の横断歩道
→市民の意見を
　取り入れてできた。

日本国憲法に基づいた考え方でまちづくりをしています。

市役所の方

つかむ（10分）

①自分たちのまちはどのような考えでまちづくりが行われていると思うか問いかけ，意見交換させる。
②本時の学習課題を提示する。

調べる（25分）

①3枚の写真について調べ，どのような考えに基づいているか考えさせる。**Point**
②市役所の方の話を聞き，まちづくりは日本国憲法の考えに基づいて行われていることを知る。

まとめる（10分）

①日本国憲法と自分たちのくらしの関連について問いをもたせ，学習問題を設定する。

本時のポイント…まちづくりの事例から入ることで，日本国憲法がくらしと結びついているという視点で学習に入ることができます。

2章 授業の流れが一目でわかる！社会科6年板書型指導案

「わたしたちのくらしと日本国憲法」 2／10時

ねらい 日本国憲法について調べ，三大原則について理解する。

つけたい力と評価

日本国憲法について調べ，三大原則について理解している。

知識及び技能

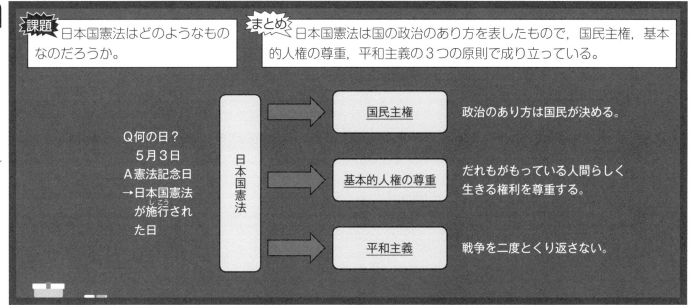

課題 日本国憲法はどのようなものなのだろうか。

まとめ 日本国憲法は国の政治のあり方を表したもので，国民主権，基本的人権の尊重，平和主義の3つの原則で成り立っている。

Q何の日？
5月3日
A憲法記念日
→日本国憲法が施行された日

日本国憲法 → 国民主権　政治のあり方は国民が決める。

日本国憲法 → 基本的人権の尊重　だれもがもっている人間らしく生きる権利を尊重する。

日本国憲法 → 平和主義　戦争を二度とくり返さない。

つかむ（10分）

①国民の祝日である5月3日が何の日かクイズを行う。
②日本国憲法が施行された日が祝日になっていることから，それだけ国にとって大切なものであると実感させ，本時の課題を設定する。

調べる（25分）

①教科書を読み，日本国憲法が国の政治のあり方を表していることを知る。
②三原則と，それぞれの意味について調べさせ，板書に整理する。
③国民の祝日も，日本国憲法の考えからできていることを，教科書や資料集から調べさせる。

まとめる（10分）

①本時のまとめを書かせる。
②次時からは三つの原則を具体的に調べていくことを伝える。

Point 本時のポイント…本時も国民の祝日という身近な事例から入ることで，憲法についての興味関心や追究意欲を高めます。

2章

授業の流れが一目でわかる！社会科6年板書型指導案

「わたしたちのくらしと日本国憲法」 3／10時

ねらい 基本的人権の考えが，国民生活にどのように実現されているか調べ，理解する。

つけたい力と評価

日本国憲法の基本的人権の考えが，国民生活にどのように実現されているか調べ，理解している。

知識及び技能

課題 憲法の基本的人権の考えは，わたしたちのくらしにどのように実現されているのだろうか。

まとめ 基本的人権の考えは，くらしのすべてで実現されているが，おたがいに尊重し合わなければならない。

「義務教育」⑦親子どもに教育を
　　　　　　受けさせる義務①
→子「教育を受ける権利」

・働く義務②
・税金を納める義務③
＊国民の三大義務

<様々な権利>
・「健康で文化的な生活を送る権利」
　＝だれでも，図書館や駅を利用可
・「居住や移転，職業を選ぶ自由」
　＝だれでも，引っ越し可なりたい職業選
・「働く権利」
　＝だれでも，働くこと可
　　　↓　　　　　↓　　　　　↓
差別を受けるなど，人権が守られない！？
おたがいの人権を尊重し合う社会をつくる。

つかむ（10分）

①日本国憲法の三大原則を確認し，本時の学習課題を提示する。
②入学式で教科書を入れて配布される封筒を提示する。＊実物が望ましい。
　児　入学式で袋詰めをしたときに見たよ。
③封筒の裏面を印刷したものを配布し，「義務教育」を読み取らせ，それは何か問う。

調べる（20分）

①教育に関する義務と権利について説明し，教科書を使って他の義務や権利を調べさせる。
②実例を挙げ，どの権利にあたるか考えさせる。
　教　基本的人権は実現されていると言える？
　児　言える。くらしのすべてで実現されている。
③人権に関する問題を取り上げる。
　＊アイヌ，在日外国人，障がいのある人　等

まとめる（15分）

①どのような社会なら，みんなの人権が守られるのか考え，話し合わせる。
②本時のまとめを書かせる。

Point

本時のポイント…「どのような社会なら，みんなの人権が守られるのだろうか？」と問うことで，基本的人権は，一人一人の意識によって守られることに気づかせます。

2章 「わたしたちのくらしと日本国憲法」 4／10時

ねらい 平和主義の考えが，国民生活にどのように実現されているか調べ，理解する。

つけたい力と評価

日本国憲法の平和主義の考えが，国民生活にどのように実現されているか調べ理解している。

知識及び技能

板書

課題 憲法の平和主義の考えは，わたしたちのくらしにどのように実現されているのだろうか。

まとめ 平和主義の考えは，日本中で守られているが，未来に向けて守り続けなければならない。

「川口市平和都市宣言」
全国 $\frac{1644}{1788}$ の自治体が宣言
（平成30年9月調べ）

・73年前…15年にわたる戦争
・1945年8月6日　広島に原爆 →
　　　　8月9日　長崎に原爆 →
　　　　8月15日　終戦
・戦争経験者＝70歳以上の方…国民の約20％
　　　　↓
将来，戦争経験者がいなくなる！？

・未来に向けて，戦争をしてはいけないことを伝える。
・戦争に関する施設などを守る。

非核三原則
核兵器を
　もたない
　つくらない
　もちこませない

つかむ（10分）

①日本国憲法の三大原則を確認し，本時の学習課題を提示する。
②自分の市町村の平和都市宣言マークや，平和に関するモニュメント等の写真を提示する。
＊日本非核宣言自治体協議会HP参照
③これが何か問い，平和都市宣言について説明する。

調べる（25分）

①教科書や資料集の年表を使い，73年前の戦争について調べさせる。＊資料：非核三原則
②国内の戦争経験者の割合を伝え，「このままでは戦争経験者がいなくなってしまう」ことを問いかけ，どのような社会なら，平和主義が未来まで守られ続けるか，考え，話し合わせる。 **Point**

まとめる（10分）

①日本中にある平和に関する石碑や施設等について，資料や地図帳を活用して調べ，それらの果たす役割を考えさせる。
　鬼 戦争のことを忘れずに，未来まで残すためにある。
②本時のまとめを書かせる。

本時のポイント…「どのような社会なら，平和主義が守られるだろうか？」と問うことで，平和主義を守るために日本中に石碑や施設があることに目を向けさせます。

「わたしたちのくらしと日本国憲法」 5／10時

ねらい 国民主権の考えが，国民生活にどのように反映されているか調べ，理解する。

つけたい力と評価

国民主権の考えが，国民生活にどのように反映されているか調べ，理解している。

知識及び技能

課題 国民主権の考えは，わたしたちのくらしにどのように実現されているのだろうか。

まとめ 国民主権の考えは，わたしたちのくらしを豊かにするために，国や地方の政治に参加できるようになっている。

市の政治に対する意見や願いを伝えられる！

市長へのメール

天皇…日本国民や国のまとまりの象徴（国事行為や被災地訪問）

議員や首長を選挙

政治参加の仕方

地方公共団体

国会

どんなよいことがあるの？

議員を選挙

なぜ，このような取り組みを？
→政治を身近に感じてほしい。
→市民の意見でよりよいまちづくりをしたい。
→政治に参加してほしい。

くらしが豊かに！

憲法改正の国民投票

最高裁判所長官の国民審査

つかむ（10分）

①市長へ直接メールを送れることを知り，なぜそのようなことが行われているか，市役所の方の話を聞く。
②国民主権の考えから，市民の政治参加を実現するために行っていることを知る。
③本時の課題を設定する。

調べる（25分）

①わたしたちがどのように政治に参加できるか教科書で調べさせ，板書に整理する。
②市民の意見で横断歩道ができた例から，政治に参加できるとどのようなよいことがあるか考え，話し合わせる。
③政治に参加するとくらしが豊かになることを捉え，だからこそ国民が政治の主役であることを捉えさせる。

Point

まとめる（10分）

①天皇陛下の被災地訪問の様子や，憲法の前文から，政治には参加していないが国民の豊かなくらしを願っていることを知り，天皇が国民の象徴であることを捉えさせる。
②本時のまとめを書かせる。

本時のポイント…政治参加によってくらしが豊かになった事例を示すことで，政治参加の大切さを実感できます。

2章 「わたしたちのくらしと日本国憲法」 6／10時

ねらい 国会の働きについて調べ，自分たちの生活との関連を理解する。

つけたい力と評価

国会の働きについて調べ，自分たちの生活との関連を理解している。

知識及び技能

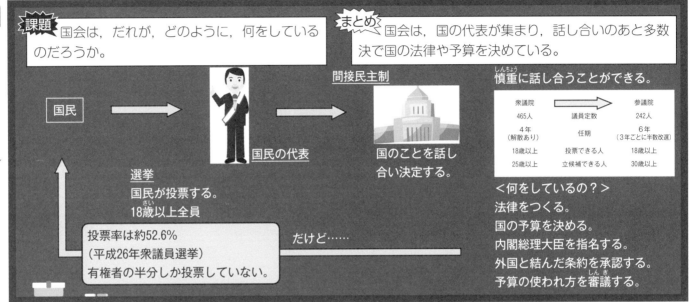

課題 国会は，だれが，どのように，何をしているのだろうか。

まとめ 国会は，国の代表が集まり，話し合いのあと多数決で国の法律や予算を決めている。

国民 → 国民の代表 → 間接民主制　国のことを話し合い決定する。

選挙　国民が投票する。18歳以上全員

投票率は約52.6%（平成26年衆議員選挙）有権者の半分しか投票していない。

だけど……

慎重に話し合うことができる。

	衆議院		参議院
議員定数	465人		242人
任期	4年（解散あり）		6年（3年ごとに半数改選）
投票できる人	18歳以上		18歳以上
立候補できる人	25歳以上		30歳以上

＜何をしているの？＞
法律をつくる。
国の予算を決める。
内閣総理大臣を指名する。
外国と結んだ条約を承認する。
予算の使われ方を審議する。

つかむ（10分）

①選挙演説の写真を提示し，何をしているのか話し合わせる。
　教 この人たちは何をしているのでしょう？
　　 どうなったら当選するの？
　　 誰が投票するの？
②知っていることを発表し合う。
③本時の学習課題を提示する。

調べる（25分）

①衆議院，参議院について調べて，表にまとめてちがいを話し合わせる。**Point**
②国会ではどのようなことをしているのか調べる。
③これらのしくみを間接民主制と言うことをおさえ，流れを確認する。
④投票率について調べ，課題意識をもたせる。

まとめる（10分）

①本時のまとめを書かせる。
②まとめを読み合い，学習を振り返らせる。

Point 本時のポイント…ちがいを表に整理することで，国会に2つの院があることのメリットが見えてきます。

「わたしたちのくらしと日本国憲法」 7／10時

ねらい 内閣の働きについて調べ，自分たちの生活との関連を理解する。

つけたい力と評価

内閣の働きについて調べ，自分たちの生活との関連を理解している。

知識及び技能

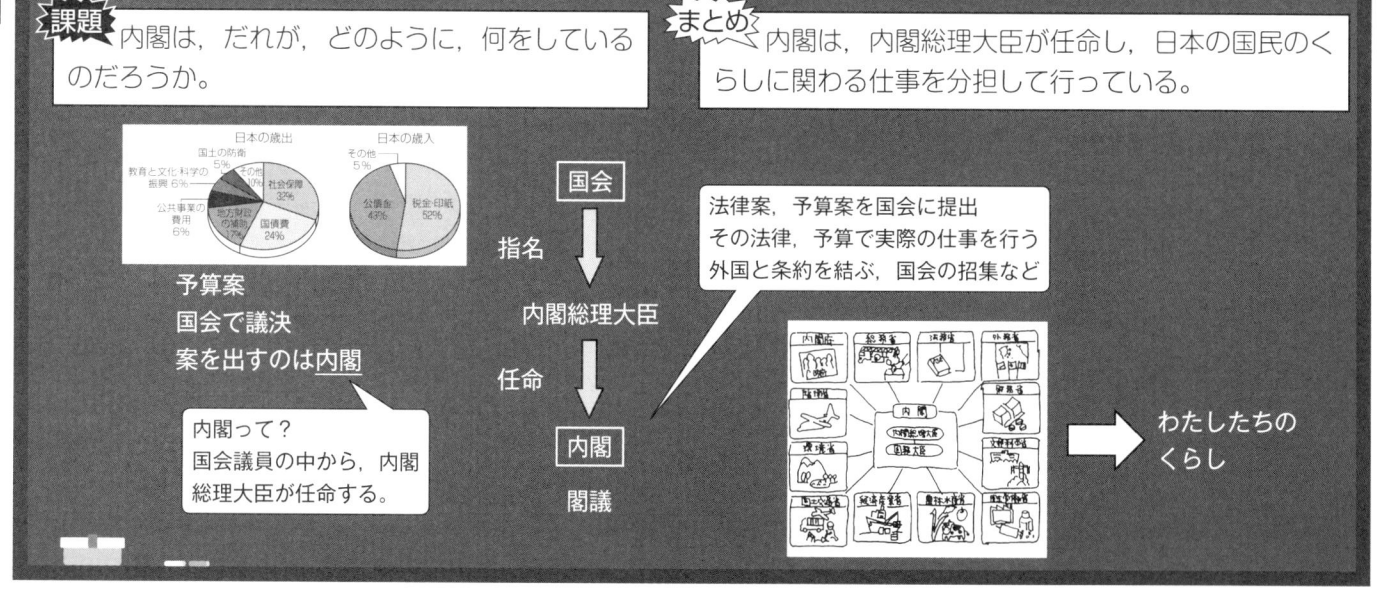

課題 内閣は，だれが，どのように，何をしているのだろうか。

まとめ 内閣は，内閣総理大臣が任命し，日本の国民のくらしに関わる仕事を分担して行っている。

予算案
国会で議決
案を出すのは内閣

内閣って？
国会議員の中から，内閣総理大臣が任命する。

国会

指名

内閣総理大臣

任命

内閣

閣議

法律案，予算案を国会に提出
その法律，予算で実際の仕事を行う
外国と条約を結ぶ，国会の招集など

わたしたちのくらし

つかむ（10分）

①日本の予算の資料を配布し，国会で議決していることを確認する。

🔵教 誰がその案をつくるのかな？ **Point**

🔵児 みんなで出し合う。内閣が出す。

②本時の学習課題を提示する。

調べる（25分）

①内閣のしくみについて資料を提示し，どのような仕事をしているのか調べさせる。
＊教科書や資料集を資料にする。

②だれが・どのように・何をしているのか全体で発表し合う。

③自分たちの生活とつながりがあり，関わっていることを理解する。 **Point**

まとめる（10分）

①本時の学習のまとめを書かせる。

②まとめを読み合い，学習を振り返らせる。

Point **本時のポイント**…前時で学習した予算の議決から入り，最後に自分たちの生活とのつながりを考えることで身近に捉えることができます。

「わたしたちのくらしと日本国憲法」 8／10時

ねらい 裁判所の働きについて調べ，自分たちの生活との関連を理解する。

つけたい力と評価

裁判所の働きについて調べ，自分たちの生活との関連を理解している。

知識及び技能

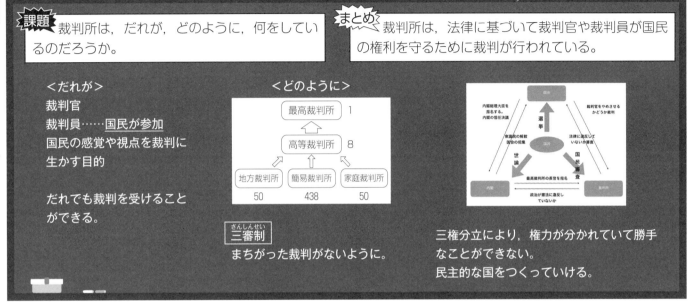

課題 裁判所は，だれが，どのように，何をしているのだろうか。

まとめ 裁判所は，法律に基づいて裁判官や裁判員が国民の権利を守るために裁判が行われている。

＜だれが＞
裁判官
裁判員……国民が参加
国民の感覚や視点を裁判に生かす目的

だれでも裁判を受けることができる。

＜どのように＞

最高裁判所 1
↑
高等裁判所 8
↑
地方裁判所　簡易裁判所　家庭裁判所
50　　　　438　　　　50

三審制(さんしんせい)
まちがった裁判がないように。

三権分立により，権力が分かれていて勝手なことができない。
民主的な国をつくっていける。

つかむ（10分）

①本時の学習課題を提示する。
②これまで学習したことを振り返らせる。
　（国会と内閣について）

調べる（25分）

①裁判所の役割について調べさせ，三審制になっている理由を理解させる。
②誰が・どのように・何をしているのかを調べさせ，全体で発表し合う。
③三権分立の表をまとめ，こうすることでどのようなよさがあるのか話し合う。　**Point**

まとめる（10分）

①本時の学習のまとめを書かせる。
②まとめを読み合い，学習を振り返らせる。

Point 本時のポイント…三権分立の図をまとめるだけではなく，このようなしくみになっているメリットを話し合うことで政治のしくみの理解が深まります。

2章
授業の流れが一目でわかる！社会科6年板書型指導案

「わたしたちのくらしと日本国憲法」 9／10時

ねらい | 日本国憲法と三権分立を関係図に示し，学習問題の結論を表現する。

つけたい力と評価

日本国憲法と三権分立を関係図に示し，学習問題の結論を表現している。

思考力・判断力・表現力等

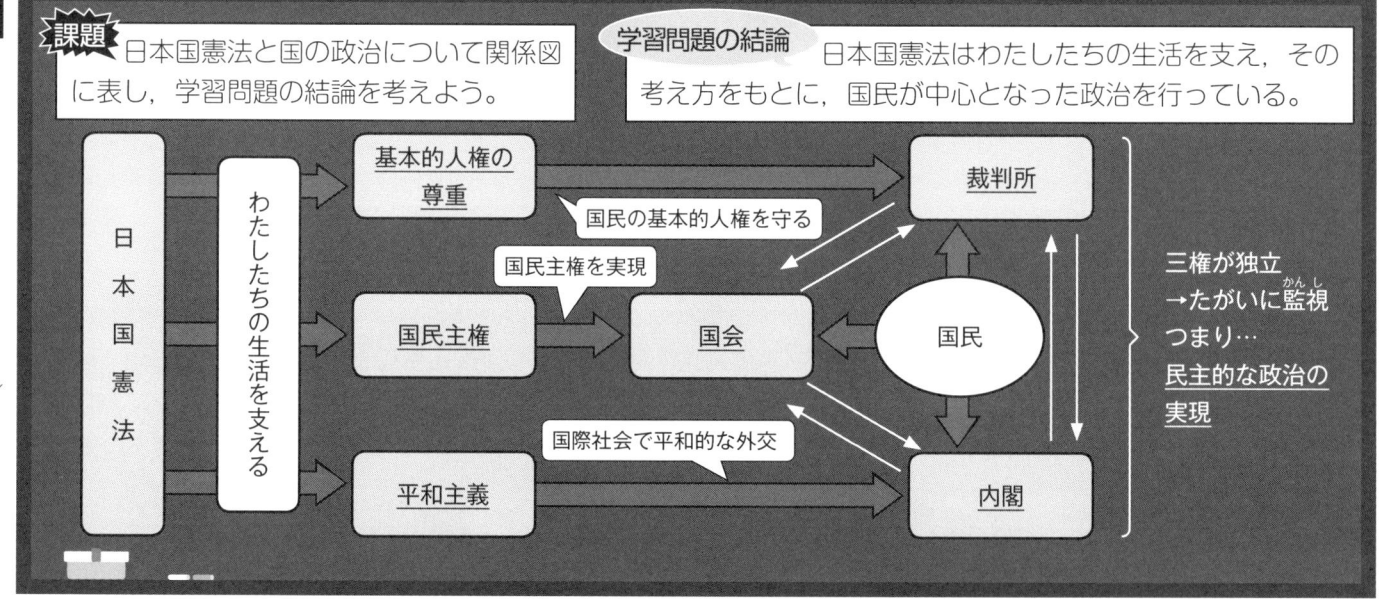

課題 日本国憲法と国の政治について関係図に表し，学習問題の結論を考えよう。

学習問題の結論 日本国憲法はわたしたちの生活を支え，その考え方をもとに，国民が中心となった政治を行っている。

日本国憲法 → わたしたちの生活を支える
- 基本的人権の尊重 → 裁判所
- 国民主権 → 国会
- 平和主義 → 内閣

国民の基本的人権を守る
国民主権を実現
国際社会で平和的な外交

国民

三権が独立
→たがいに監視
つまり…
民主的な政治の実現

つかむ（5分）

①学習問題を振り返り，本時の課題を設定する。

調べる（25分）

①憲法の三大原則やその考えについて，わたしたちの生活を支えていることを振り返らせる。
②国の政治のしくみや三権の役割について振り返らせる。
③憲法の三大原則と，三権分立の関係図をグループで作成し，→でつないだり，どのような関係があるか吹き出しに書いたりする。

Point

まとめる（15分）

①完成した関係図から，憲法の考えを実現するために国民中心の政治が行われていることを考え，話し合わせる。
②学習問題の結論を書く。

Point 本時のポイント…関係する項目や，どのような関係か考えることで，憲法の理念の実現のために，国の政治のしくみがあることを考えることができます。

① わたしたちのくらしと日本国憲法

2章 授業の流れが一目でわかる！社会科6年板書型指導案

「わたしたちのくらしと日本国憲法」10／10時

ねらい 日本国憲法や国の政治のしくみについて学んだことをもとに，自分の考えをスピーチに表そうとする。

つけたい力と評価

日本国憲法や国の政治のしくみについて学んだことをもとに，意欲的にスピーチ作成に取り組んでいる。

主体的に関わろうとする態度

課題 日本国憲法や国の政治のしくみについて，自分の考えをスピーチに表そう。

- 市民の意見を取り入れた横断歩道
- バリアフリーの校舎
- 平和都市宣言
- 選挙の投票率の低下の記事
- 差別の問題の記事
- 国際問題に関する記事

憲法のどのような考えが表されているかな？
＆
なぜ問題だと言えるのかな？

スピーチにまとめよう！

つかむ（5分）

①第1時で示した事例を振り返り，日本国憲法のどんな考えが表されているか問いかける。
②今日問題になっているニュースを示し，なぜ問題なのか問いかける。
③以上のことについて考えて，憲法や政治のしくみについてレポートを書く課題を設定する。

調べる（30分）

①第1時で示した事例を振り返り，日本国憲法のどんな考えが表されているか考え，自分の意見を書かせる。
②今日問題になっているニュースを示し，なぜ問題なのか考え，自分の意見を書かせる。 **Point**
③最後に，日本国憲法や国の政治について学んで考えたことを書かせる。

まとめる（10分）

①ペアやグループで発表し合い，感想を伝え合わせる。
②学習の振り返りをする。

本時のポイント…憲法の理念や政治のしくみについて，実際の事例をもとに考えることで，その大切さを考えることができます。

「願いを実現する政治」 1／7時

ねらい 現在の日本の課題について資料から考え，国や地方公共団体の取り組みに関心をもつ。

つけたい力と評価

現在の日本の状況に関心をもち，進んで調べようとしている。

主体的に関わろうとする態度

課題 現在，日本はどのような状況なのだろうか。

まとめ 現在日本は，少子高齢化，人口の都市部集中，社会保障，復興支援などの課題をかかえている。

2015

0歳～14歳　12.4%
15歳～64歳　60.3%
65歳～　　　27.3%

⬇

少子高齢化

7都道府県……増加
40都道府県……減少

⬇

人口減少・都市部集中

共働きの割合
39%　61%
□共働き　■片働き

共働き家庭……61%
増加

⬇

社会保障・福祉

仮設住宅入居者数
30000 25000 20000 15000 10000 5000
2012年 2013年 2014年 2015年 2016年 2017年 2018年

約3万人が仮設住宅
人口の減少

⬇

復興支援

つかむ（10分）

①本時の学習課題を提示する。
②日本の現在の状況クイズを行う。 **Point**
（クイズ例）
・日本の人口は増えている。
・0歳～20歳の割合は何％？
＊調べる際の動機付けになるもの，知っているようで知らないものを提示する。

調べる（25分）

①資料を提示し，グループでクイズの答えを話し合わせる。 **Point**
②全体で発表し合う。
③資料を提示し，資料から読み取れる問題を話し合わせる。 教 4つの資料からどのような問題が見えてきますか？ 児 少子高齢化，人口減少，社会保障，復興支援

まとめる（10分）

①本時のまとめを書かせる。
②まとめを読み合い，振り返りを書かせる。

本時のポイント…現在の日本の様子についてクイズで入ることで，実は知らなかったことや知っていることから関心を高めます。

「願いを実現する政治」 2／7時

ねらい 地方公共団体の子育て支援の取り組みについて話し合い，学習問題をつくる。

つけたい力と評価

地方公共団体の子育て支援事業について，話し合い，学習問題を表現している。

思考力・判断力・表現力等

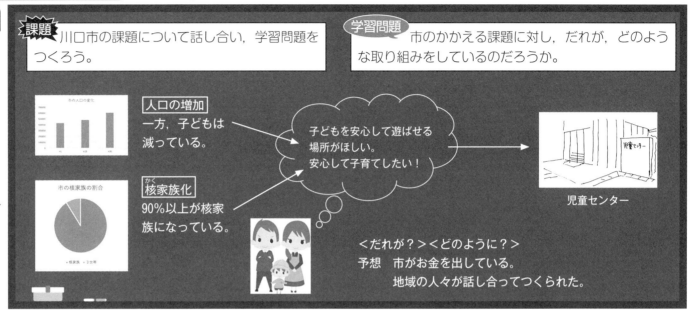

課題 川口市の課題について話し合い，学習問題をつくろう。

学習問題 市のかかえる課題に対し，だれが，どのような取り組みをしているのだろうか。

人口の増加
一方，子どもは減っている。

核家族化
90％以上が核家族になっている。

子どもを安心して遊ばせる場所がほしい。
安心して子育てしたい！

児童センター

＜だれが？＞＜どのように？＞
予想　市がお金を出している。
　　　地域の人々が話し合ってつくられた。

つかむ（10分）

①市の人口の推移，核家族の割合を資料から読み取らせる。**Point**
　教 このままいくとどうなっていくでしょう？　児 人口が減ってしまう。　教 実はわたしたちの市の統計です。どうしたらいいかな。
②本時の学習課題を提示する。

調べる（20分）

①2つの資料から，どのような願いを市民がもっているか予想させる。
②地域の方々の願いについて資料から読み取らせる。（市のHPなど）
③これによって児童センターができたことを伝え，誰が，どのようにつくったのか疑問をもたせる。

まとめる（15分）

①学習問題をつくる。
②学習問題に対し，予想を話し合う。

本時のポイント…本単元では地元の社会保障（子育て支援）について取り上げます。地元のホームページを見ると多くの情報が載っています。

「願いを実現する政治」 3／7時

ねらい 児童センターでは，子育て支援に関する様々な活動をしていることを理解する。

つけたい力と評価

子育て支援の活動は市民の願いを取り入れながら活動していることを理解している。

知識及び技能

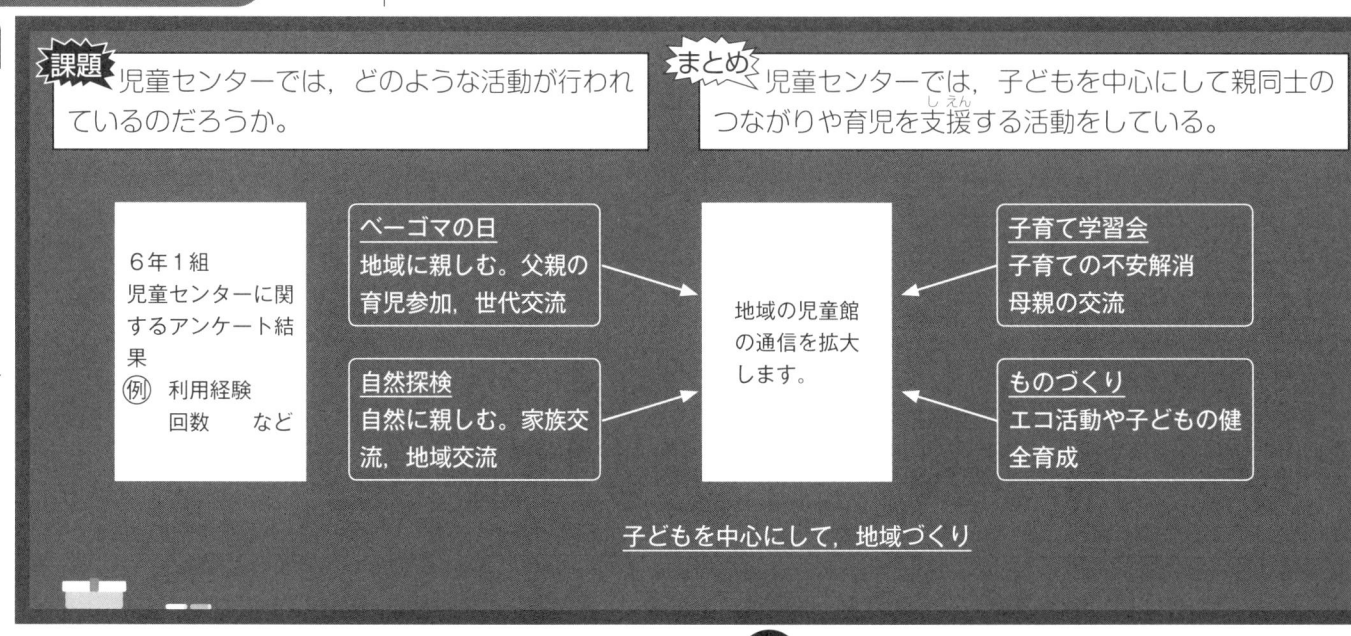

課題 児童センターでは，どのような活動が行われているのだろうか。

まとめ 児童センターでは，子どもを中心にして親同士のつながりや育児を支援する活動をしている。

6年1組
児童センターに関するアンケート結果
例 利用経験
　　　回数　　など

ベーゴマの日
地域に親しむ。父親の育児参加，世代交流

自然探検
自然に親しむ。家族交流，地域交流

地域の児童館の通信を拡大します。

子育て学習会
子育ての不安解消
母親の交流

ものづくり
エコ活動や子どもの健全育成

子どもを中心にして，地域づくり

つかむ（10分）

①学級の児童センターアンケートを提示し，児童センターで行われた活動への参加経験を伝え合う。
②本時の学習課題を提示する。

調べる（25分） **Point**

①児童センターが出している通信を提示し，どのような活動をしているのか調べさせる。
②活動を調べ，それぞれ活動がどのような目的で行われているかグループで話し合わせる。
③全体で発表し合う。
④教科書や施設の人の話から，わかったことをノートにまとめさせる。

まとめる（10分）

①本時のまとめを書かせる。
②まとめを読み合い，振り返りを書かせる。

Point 本時のポイント…どのような活動をしているのかを身近にある通信から調べ，実際の目的などに疑問をもって施設の方のお話を聞きます。

「願いを実現する政治」 4／7時

ねらい 子育て支援事業が地方公共団体の政治によって行われていることを理解する。

つけたい力と評価

子育て支援事業は政治のしくみによって行われていることを理解している。

知識及び技能

課題 子育て支援の願いは，どのように実現させていくのだろうか。

まとめ 市役所で市民の要望をもとに，予算案や計画案を立て，市議会で話し合って，行われている。

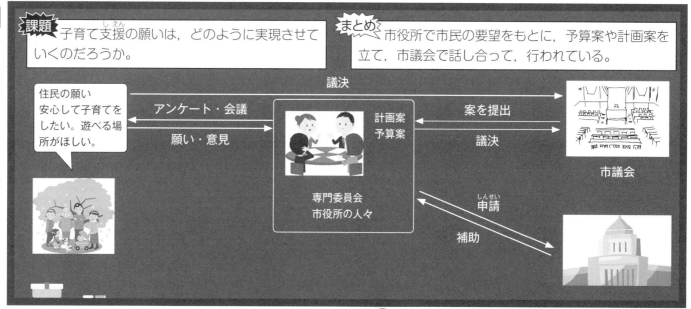

つかむ（10分）
①市民の願いについて確認する。
②本時の学習課題を提示する。

調べる（25分） Point
①市民の意見を出発点にして，どのように児童センターがつくられるのか，フローチャートにまとめていく。教 願いを市役所はどうやって知ることができるかな？ 案ができたらみんなで話し合うよ。決まったら，市はつくるために？…と流れに沿ってまとめていく。
②フローチャートの流れをペアで確認させる。

まとめる（10分）
①本時の学習のまとめを書かせる。
②まとめを読み合い，振り返りを書かせる。

本時のポイント…フローチャートを提示するだけではなく，順を追って話し合っていくと流れをつかむことができます。

「願いを実現する政治」 5／7時

ねらい 市民の願いを実現するために，税金が重要な役割を果たしていることを理解する。

つけたい力と評価

市民の願いを実現するために，税金が重要な役割を果たしていることを理解している。

知識及び技能

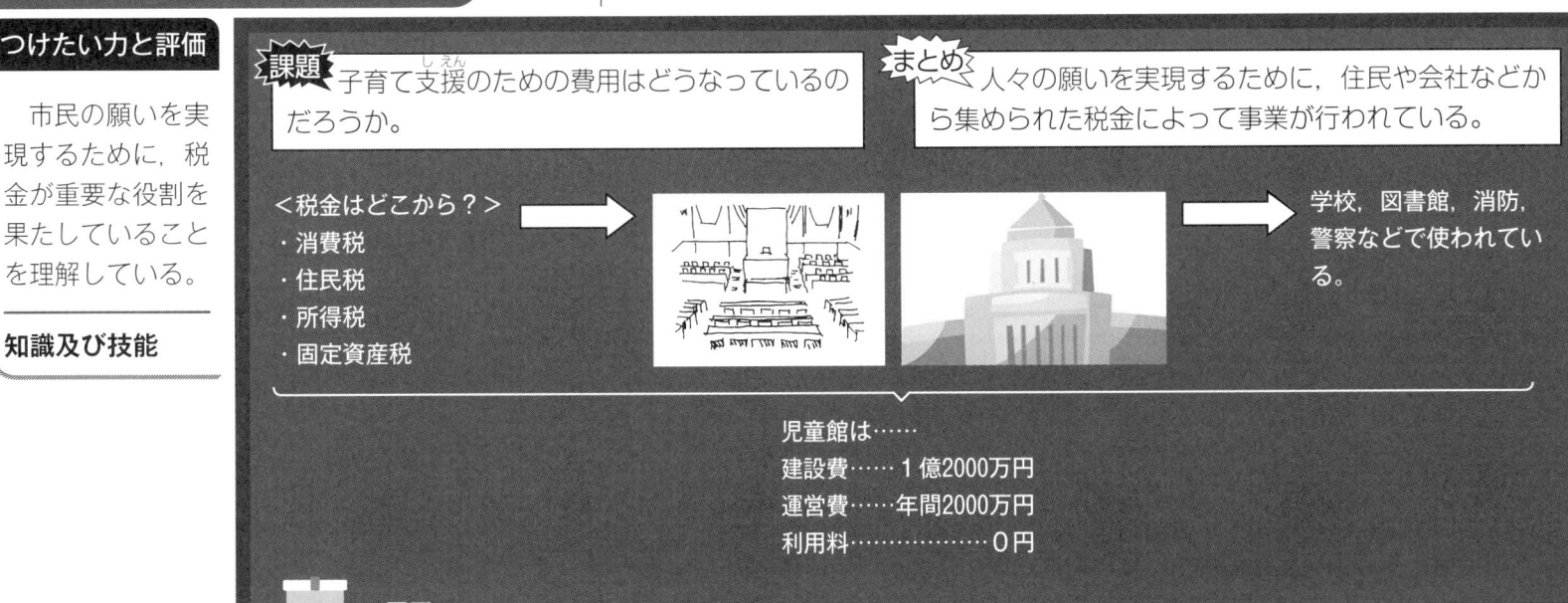

課題 子育て支援のための費用はどうなっているのだろうか。

まとめ 人々の願いを実現するために，住民や会社などから集められた税金によって事業が行われている。

＜税金はどこから？＞
・消費税
・住民税
・所得税
・固定資産税

学校，図書館，消防，警察などで使われている。

児童館は……
建設費……1億2000万円
運営費……年間2000万円
利用料………………0円

つかむ（10分）

①前時のフローチャートを振り返り，児童センターの建設，運営に必要なお金はどこから来ているのか話し合わせる。
②利用料，建設費用，運営費用を知らせる。
③本時の学習課題を提示する。

調べる（25分）

①税金がどのように集められていて，どこに集められているのか，使われ方を調べさせる。
②これらにより児童センターが無料で運営できていることを理解する。
③もし，税金がなかったらどうなるか話し合わせる。

Point

まとめる（10分）

①学習のまとめを書かせる。
②まとめを読み合い，振り返りを書かせる。

Point 本時のポイント…税金により，子育て支援事業以外にも様々な公共事業などで使われていることを理解し，租税の大切さを理解させます。

「願いを実現する政治」 6／7時

ねらい 他の地域の課題に対する取り組みを調べ，様々な活動が行われていることを理解する。

つけたい力と評価

他の地域でもまちの課題に対して取り組みが行われていることを理解している。

知識及び技能

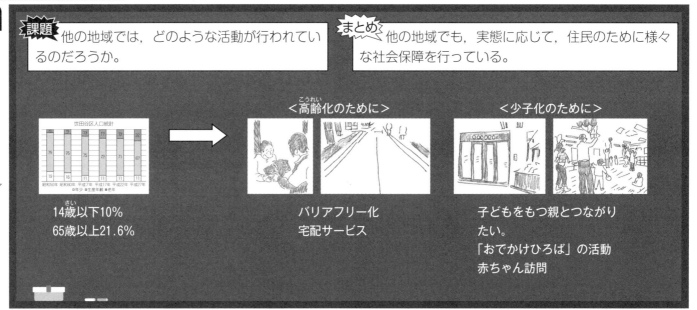

課題 他の地域では，どのような活動が行われているのだろうか。

まとめ 他の地域でも，実態に応じて，住民のために様々な社会保障を行っている。

14歳以下10％
65歳以上21.6％

＜高齢化のために＞
バリアフリー化
宅配サービス

＜少子化のために＞
子どもをもつ親とつながりたい。
「おでかけひろば」の活動
赤ちゃん訪問

つかむ（10分）

①本時の学習課題を提示する。
②他の地域の人口統計を提示し，課題を話し合わせる。
③ ②で出し合った課題に対し，他の地域ではどのような取り組みをしているか予想を考えさせる。

調べる（25分）

①課題に対して，資料を配布し，どのような取り組みをしているか資料から調べて話し合い，ノートにまとめさせる。
②調べた取り組みを全体で発表し合う。
③区のホームページや，市役所などにお願いをして，お話を聞いたり，調べたりして学習を深める。 **Point**

まとめる（10分）

①どの市でも，まちの課題に対して，様々な活動を行っていることを確認する。
②本時のまとめを書かせる。
③まとめを読み合い，学習の振り返りをさせる。

Point 本時のポイント…これまでの学習を踏まえて他の地域の取り組みを取り上げることで，関連させて学習することができます。

「願いを実現する政治」 7／7時

ねらい 学習したことを整理して，学習問題の結論を書く。

つけたい力と評価

　願いを実現する政治について整理し，学習問題の結論を表現している。

思考力・判断力・表現力等

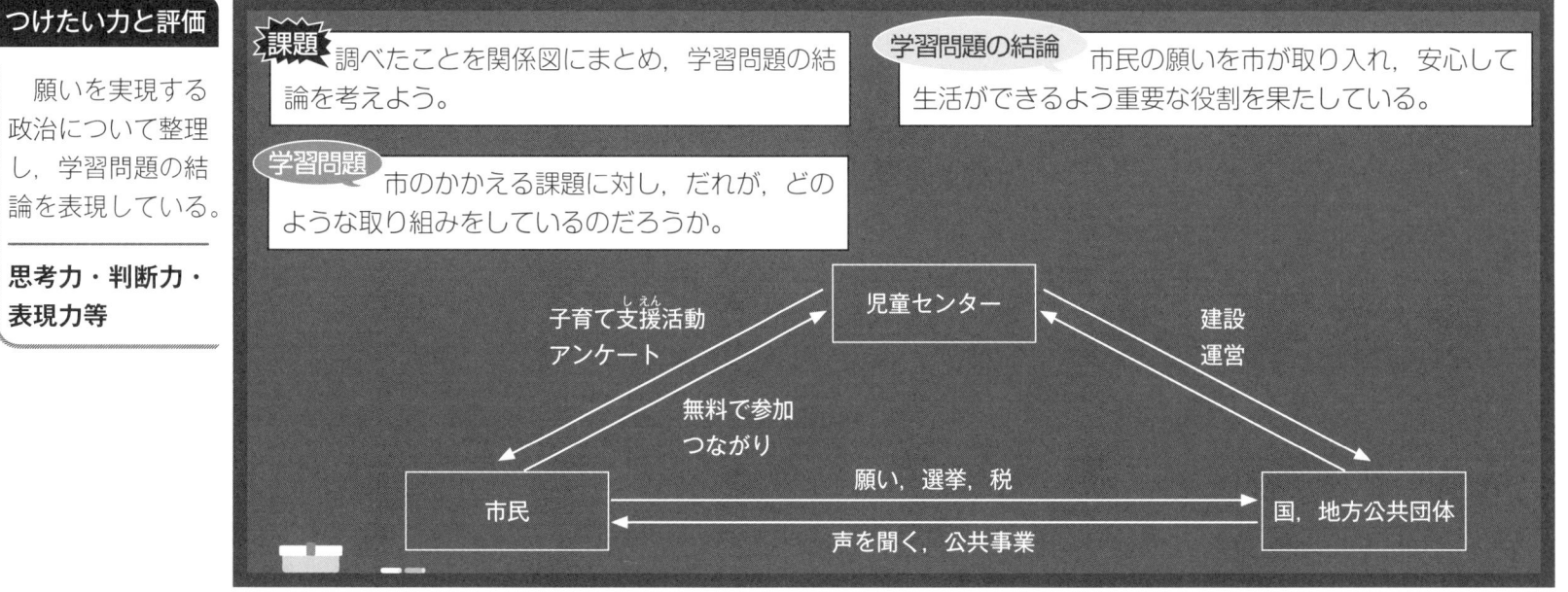

課題 調べたことを関係図にまとめ，学習問題の結論を考えよう。

学習問題の結論 市民の願いを市が取り入れ，安心して生活ができるよう重要な役割を果たしている。

学習問題 市のかかえる課題に対し，だれが，どのような取り組みをしているのだろうか。

子育て支援活動
アンケート

児童センター

建設
運営

無料で参加
つながり

市民

願い，選挙，税

声を聞く，公共事業

国，地方公共団体

つかむ（5分）

①本時の学習課題を提示する。
②学習問題を確認する。

調べる（20分）

①学習してきたことを振り返り，市民，国や地方公共団体，児童センターの関係をフローチャートにまとめる。**Point**
②作成したフローチャートを見合い，市民の役割について確認し，市民としての責任を自覚させる。

まとめる（20分）

①学習問題の結論を書かせる。
②学習問題の結論を交流させる。
③本単元で学習したことを学習の振り返りに書かせる。

Point 本時のポイント…わたしたちの願いが大切であること，税を収めることなどを再確認できるよう，フローチャートにまとめます。

2章 授業の流れが一目でわかる！社会科6年板書型指導案

「縄文のむらから古墳のくにへ」1／7時

ねらい 縄文時代の生活の様子や世の中について資料をもとに調べ，関心をもつ。

つけたい力と評価

縄文時代の人々の生活の様子がわかる資料から，くらしの様子を読み取ろうとしている。

主体的に関わろうとする態度

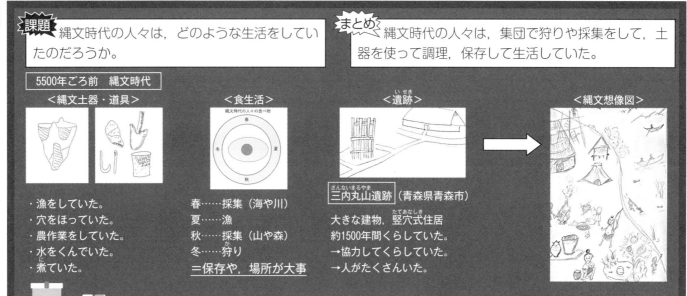

【課題】縄文時代の人々は，どのような生活をしていたのだろうか。

【まとめ】縄文時代の人々は，集団で狩りや採集をして，土器を使って調理，保存して生活していた。

5500年ごろ前　縄文時代

＜縄文土器・道具＞
・漁をしていた。
・穴をほっていた。
・農作業をしていた。
・水をくんでいた。
・煮ていた。

＜食生活＞
春……採集（海や川）
夏……漁
秋……採集（山や森）
冬……狩り
＝保存や，場所が大事

＜遺跡＞
三内丸山（さんないまるやま）遺跡（青森県青森市）
大きな建物，竪穴式住居（たてあなしき）
約1500年間くらしていた。
→協力してくらしていた。
→人がたくさんいた。

＜縄文想像図＞

つかむ（10分）

①縄文土器を提示し，縄文時代の由来を考えさせる。🦉土器があったから。
②本時の年号と時代を板書する。
③時代の由来が縄文土器であることを理解させ，用途を予想させる。
④本時の学習課題を提示する。

調べる（25分）

①道具を提示し，用途を調べさせる。
②食生活の資料を提示して，季節ごとの食生活がどうだったかを読み取らせる。
③三内丸山遺跡の写真を提示し，遺跡から見えてくる生活の様子を発表させる。**Point**
④3つの資料から気づいたことを交流させる。

まとめる（10分）

①本時のまとめを書かせる。
②これらの資料をもとにつくられた想像図を提示し，考えていた生活の様子との差違を振り返りに書かせる。
＊想像図を提示する前に，資料からどんな様子だと言えるか予想させる。

本時のポイント…本時と次時の2時間続けて〈土器・道具〉〈食生活〉〈遺跡〉の順で調べ学習を行うことで，学習を見通すことができ，学びやすくなります。

「縄文のむらから古墳のくにへ」2／7時

ねらい 弥生時代の生活の様子や世の中を資料から読み取り，理解する。

つけたい力と評価

弥生時代の人々の生活の様子がわかる資料から，くらしの様子を読み取り，理解している。

知識及び技能

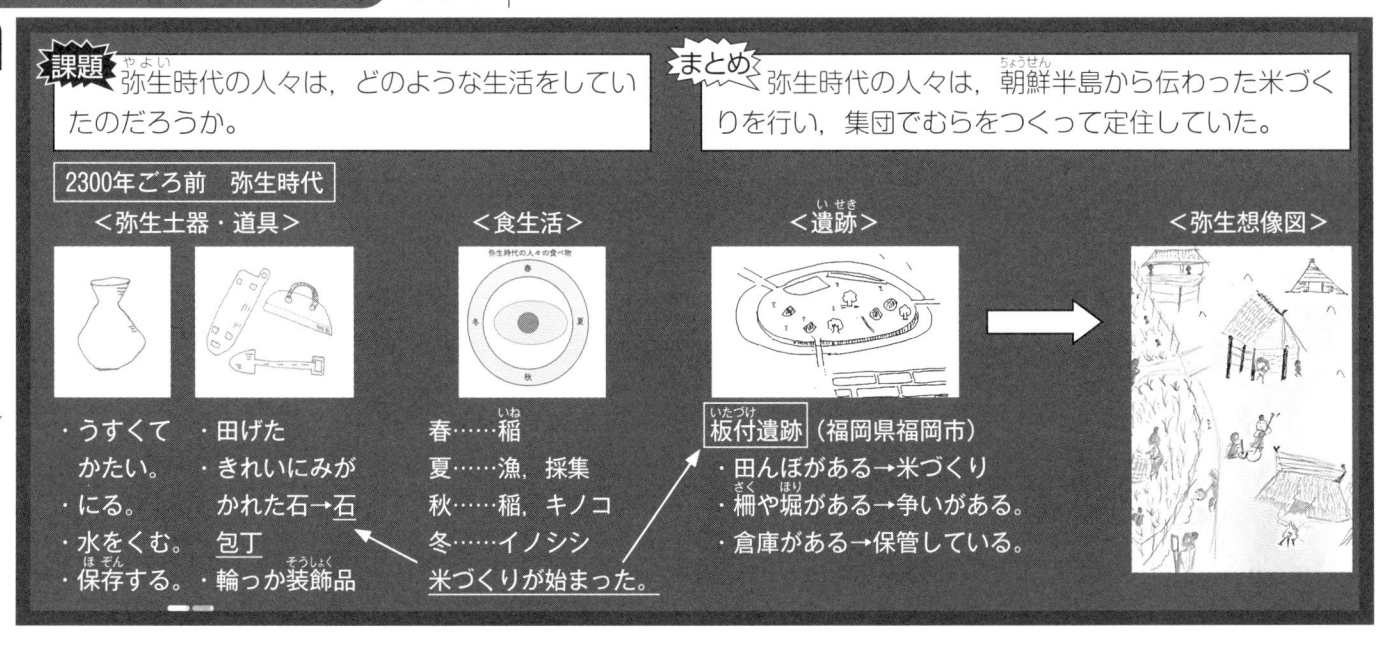

課題 弥生時代の人々は，どのような生活をしていたのだろうか。

まとめ 弥生時代の人々は，朝鮮半島から伝わった米づくりを行い，集団でむらをつくって定住していた。

2300年ごろ前　弥生時代

＜弥生土器・道具＞

・うすくてかたい。
・にる。
・水をくむ。
・保存する。
・田げた
・きれいにみがかれた石→石
・包丁
・輪っか装飾品

＜食生活＞

弥生時代の人々の食べ物

春……稲
夏……漁，採集
秋……稲，キノコ
冬……イノシシ
米づくりが始まった。

＜遺跡＞

板付遺跡（福岡県福岡市）
・田んぼがある→米づくり
・柵や堀がある→争いがある。
・倉庫がある→保管している。

＜弥生想像図＞

つかむ（10分）

①弥生土器を提示し，弥生時代の由来を確認する。
②本時の年号と時代を板書する。
③弥生土器と縄文土器のちがい，用途を縄文時代の学習を生かして考えさせる。
④本時の学習課題を提示する。

調べる（25分）

①道具を提示し，用途を調べさせる。
②食生活の資料を提示して，季節ごとの食生活がどうだったかを読み取らせる。
③板付遺跡の写真を提示し，遺跡から見えてくる生活の様子を発表させる。
④3つの資料から気づいたことを交流させる。

まとめる（10分）

①本時のまとめを書かせる。
②これらの資料をもとにつくられた想像図を提示し，考えていた生活の様子との差違を振り返りに書かせる。
＊想像図を提示する前に，どんな様子だと資料から言えるか予想させる。

Point

本時のポイント…想像図を最後に提示することで，研究者のように調べたことから想像することができ，自分の考えと比べて見ることができます。

2章 「縄文のむらから古墳のくにへ」 3／7時

ねらい 2つの時代の様子を比較してちがいを調べて、学習問題をつくる。

つけたい力と評価

縄文時代と弥生時代の生活の様子の違いを発見し、学習問題を表現している。

思考力・判断力・表現力等

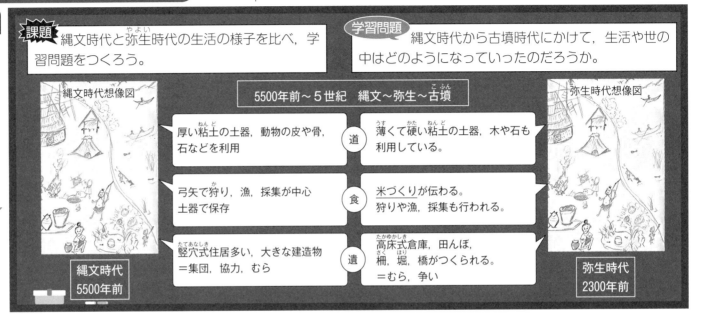

課題 縄文時代と弥生時代の生活の様子を比べ、学習問題をつくろう。

学習問題 縄文時代から古墳時代にかけて、生活や世の中はどのようになっていったのだろうか。

5500年前～5世紀　縄文～弥生～古墳

縄文時代想像図／弥生時代想像図

- 道：厚い粘土の土器、動物の皮や骨、石などを利用 ／ 薄くて硬い粘土の土器、木や石も利用している。
- 食：弓矢で狩り、漁、採集が中心　土器で保存 ／ 米づくりが伝わる。狩りや漁、採集も行われる。
- 遺：竪穴式住居多い、大きな建造物 ＝集団、協力、むら ／ 高床式倉庫、田んぼ、柵、堀、橋がつくられる。＝むら、争い

縄文時代 5500年前　／　弥生時代 2300年前

つかむ（10分）

①学習する時代を板書する。
②本時の学習課題を提示する。
　＊想像図には、多くの研究を重ねて明らかになったことが描かれていることを確認する。
③調べる観点を示し、3人組をつくり、道具、食、住で分担させる。

調べる（25分）

①縄文時代と弥生時代の想像図を中心資料にして、調べてノートにまとめさせる。
②3人組で調べたことを伝え合い、ちがいと似ているところ、気づいたことを整理させる。
　＊似ている＝赤、ちがう＝青で線を引く **Point**
③全体で考え交流させる。
④本単元の範囲を提示する。

まとめる（10分）

①学習問題をつくる。
②本時のノートをもとに、どのような生活、世の中になっていくか予想を話し合わせる。
③本時の振り返りを書かせる。
　教　学習問題に対して予想を書きましょう。そう思う理由を書きましょう。

本時のポイント…第1時、第2時で調べたそれぞれの観点をさらに比較検討することで、時代の変化によるちがいや気づきが深化していきます。

「縄文のむらから古墳のくにへ」4／7時

ねらい 米づくりが広がり，世の中がどのように変化していったのか調べ，理解する。

つけたい力と評価

米づくりが始まったことから争いに発展し，むらがくにへと大きくなっていったことを理解している。

知識及び技能

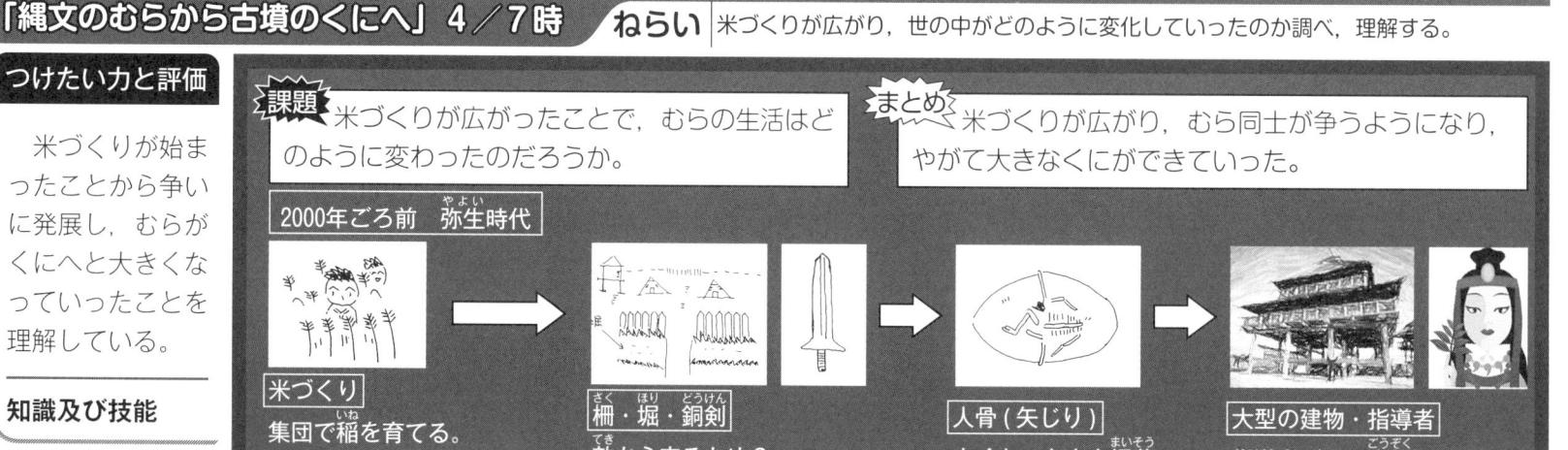

課題 米づくりが広がったことで，むらの生活はどのように変わったのだろうか。

まとめ 米づくりが広がり，むら同士が争うようになり，やがて大きなくにができていった。

2000年ごろ前　弥生時代

米づくり
集団で稲を育てる。

〈人々の願い〉
たくさん食べたい。
安心してくらしたい。
平和にくらしたい。

柵・堀・銅剣
敵から守るため？
米を守るため？
取り合った？

渡来人
技術や文化を日本へ

人骨（矢じり）
亡くなった人を埋葬
争いがあった。
＝土地を奪い合う。

大型の建物・指導者
指導者（王，豪族）が出てくる。
大きいむら，くにができる。

つかむ（10分）

①前時を振り返り，縄文〜弥生への大きな変化は米づくりが伝わり，始まったことであることを確認する。
- 教 むらの人々の願いは？
- 児 たくさん食べたい。安心してくらしたい。

②本時の学習課題を提示する。

調べる（25分）

①柵，掘，銅剣の資料を提示し，争いがあったことを読み取らせる。**Point**

②人骨や大きな建物，卑弥呼を提示し，むら同士が争い，くにになっていったこと，指導者が現れたこと，土地を広げることが大切だったことを理解させる。**Point**

③渡来人から技術が伝わったことを知らせる。

まとめる（10分）

①資料から読み取ったことを確認させ，教科書の文を読み，理解を深める。

②本時のまとめを書かせる。

③まとめを読み合い，学習の振り返りを書かせる。

本時のポイント…土地を奪い合って広げようとしたこと，技術が外国から伝わったことは，今後の歴史学習でつながっていきます。

2章 授業の流れが一目でわかる！社会科6年板書型指導案

「縄文のむらから古墳のくにへ」 5／7時

ねらい 巨大な古墳がつくられた理由を考え，くにが一つにまとめられていったことを理解する。

つけたい力と評価

古墳の規模や広がりから，大王の権力の強さやくにが一つにまとめられていったことを理解している。

知識及び技能

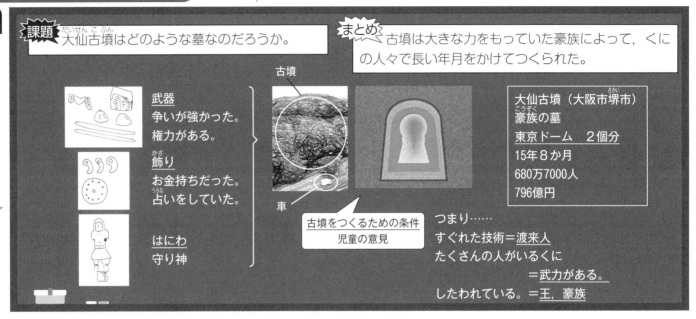

つかむ（15分）

①大仙古墳の一部(森の部分)を提示し，何か予想させる。
②全体を提示し，写っている車と比較して大きさを実感させる。
③出土品を提示し，なぜこれらが出てきたのかを話し合い，墓であることを知らせる。
④本時の学習課題を提示する。

調べる（20分）

①古墳をつくるための条件を話し合い，それだけ権力があったことを理解させる。
　教 どうしたら古墳をつくることができますか？
　児 人数，お金，権力，時間，心　**Point**
②古墳の情報を板書する。
③児童の出した条件と照らし合わせる。
④出土品からわかることを話し合わせる。

まとめる（10分）

①本時のまとめを書かせる。
②まとめを読み合い，振り返りを書かせる。

本時のポイント…「古墳をつくるための条件」を考えることを通して，どのような人物の墓なのか想像し，巨大化した意味を考えることができます。

「縄文のむらから古墳のくにへ」 6／7時

ねらい 古墳が多くつくられていた頃，どのような世の中だったのかを調べ，理解する。

2章
授業の流れが一目でわかる！社会科6年板書型指導案

つけたい力と評価

古墳がつくられた頃の世の中の様子を調べ，いかに権力があったのかを理解している。

知識及び技能

課題 古墳がつくられたころ，世の中はどのような様子だったのだろうか。

まとめ 他のくにの王を従えて大和朝廷が日本を統一した。大和朝廷は，渡来人との結びつきを強めて進んだ文化や技術を取り入れた。日本の原型ができた。

前方後円墳分布

力の強いくにが現れ……

大和朝廷
大王（のちの天皇）

日本の形ができ上がってきた。

＜渡来人とのつながり＞

土器　　武器

関西と関東に **多**
巨大な古墳は関西に **多**
→王（豪族）がたくさんいた。
→国がたくさんあった。
→より強い王がいた。
→争いが続いた。

→広い範囲を治めていた。
→神話になるほど大王は権力があった。

高松塚古墳壁画

はたおり，土器づくり，鍛冶，土木，建築，漢字，仏教などを取り入れる。

つかむ（10分）

①グーグルマップで大仙古墳を見学させる。
 ＊日本地図から徐々に拡大すると，大仙古墳のまわりに古墳がたくさんあることに気づくことができる。**Point**
②気づいたことを話し合わせ，古墳の分布図を提示する。
③本時の学習課題を提示する。

調べる（25分）

①資料（教科書）を読み，大和朝廷ができたこと，日本の原型がつくられたことを理解させる。＊大和朝廷の位置も確認する。
②銅剣や神話から言えることを話し合わせる。
 ＊漢字が書かれていることに注目
③渡来人との結びつきにより，文化が発展したことを理解させる。**Point**

まとめる（10分）

①教科書を読み，板書を使って本時の流れを振り返らせる。
②本時のまとめを書かせる。
③まとめを読み合い，振り返りを書かせる。

本時のポイント…古墳のまわりに古墳があることに気づき，渡来人の結びつきや権力者がたくさんいたことから，国ができてきたことを調べます。

「縄文のむらから古墳のくにへ」 7／7時

ねらい：学習問題に対して，学習してきたことを表に整理し，結論をまとめる。

つけたい力と評価

学習問題に対して，学習してきたことを表に整理し，言葉で表現している。

思考力・判断力・表現力等

課題 むらからくにへ変化した様子を整理し，学習問題に答えよう。

学習問題 縄文時代から古墳時代，人々の生活や世の中はどのようになっていったのだろうか。

5500年前　縄文	2300年前　弥生	5世紀　古墳
狩りや漁が中心 骨や石を使用 共同生活，むら	米づくりが始まる。 争いが起こる。 豪族，指導者が出現 むら→くにへ 卑弥呼　占い	大和朝廷 古墳……豪族の墓 大和朝廷　日本を統一 漢字，仏教，技術が伝わる。

渡来人から技術や文化が伝わる

年号	出来事
5500年前	三内丸山遺跡
2300年前	板付遺跡
1世紀	吉野ヶ里遺跡
3世紀	女王卑弥呼のくにが栄える。 古墳がつくられ始める。
4世紀	大和朝廷の力が強まる。 渡来人が大陸の文化を伝える。
5世紀	大仙古墳がつくられる。 漢字が伝わる。
6世紀	仏教が伝わる。

学習問題の結論 大陸から米づくりが伝わり，むら同士が争うようになった。やがて力をもった大和朝廷が日本を統一した。大和朝廷は渡来人の技術や文化を取り入れた。

つかむ（5分）
①本時の学習課題を提示する。
②学習問題を確認させる。

調べる（20分）
①人々の生活について話し合い，3つの時代ごとにまとめさせる。
②大陸から伝わったもの，渡来人から伝わったものに青で線を引き，外国からの影響が多くあることを理解させる。 **Point**
③時期ごとに学習問題に入れるキーワードを決める。 例 むら，くに，米づくり

まとめる（20分）
①学習問題の結論を書かせる。
②学習問題の結論を交流させる。
③映像資料を見て，単元の流れを振り返らせ，振り返りを書かせる。

Point 本時のポイント…時代の流れの中で渡来人などとのつながりにより，世の中が変化し，やがてくにになったことを理解し結論に書けるとよいです。

「天皇中心の国づくり」 1／6時

ねらい 聖徳太子の業績に興味をもち，人物について教科書や資料集から意欲的に調べる。

2章
授業の流れが一目でわかる！社会科6年板書型指導案

つけたい力と評価

人物の業績に興味をもち，教科書や資料集から意欲的に調べようとしている。

主体的に関わろうとする態度

課題 法隆寺を建てた聖徳太子は，どのような働きをした人物なのだろうか。

まとめ 聖徳太子は，天皇を助ける摂政という役職につき，冠位十二階や十七条の憲法をつくった。また，法隆寺を建てて，仏教を広めたり，遣隋使を送ったりした。

古墳時代　→　飛鳥時代
大王　　　→　　天皇

<古墳>
しだいにつくられなくなる。

<法隆寺>
・大きなお寺
・世界文化遺産
・世界最古の木造建築

<聖徳太子>
・法隆寺を建てる。
・お札の肖像画に7回選ばれる。

<聖徳太子プロフィール>
身分：天皇の子
役職：天皇の政治を助ける摂政
働き
・冠位十二階　　…役人の能力を重視
・十七条の憲法　…役人の心構え
・法隆寺を建てる…仏教を広めようとした。
・遣隋使を送る　…中国に遣いを送る。

つかむ（10分）

①古墳時代が終わったことを年表で確認する。
②飛鳥時代になり，法隆寺が建てられたことや，法隆寺が世界最古の木造建築で，日本の世界文化遺産第1号（姫路城とともに登録）であることや，聖徳太子が建てたことを紹介する。
③聖徳太子が，紙幣の肖像画に7回も選ばれていることを紹介し，課題を設定する。

調べる（25分）

①聖徳太子のプロフィールを作成することを伝える。
②身分や役職，業績などを教科書や資料集，年表などを使って調べ，ノートにまとめさせる。
③調べたことを発表し，黒板に整理する。 **Point**

まとめる（10分）

①調べたことを文章にまとめさせる。
②聖徳太子の業績について，調べてみたいことや疑問に思ったことなどを挙げさせ，次時の見通しをもつ。

Point **本時のポイント**…歴史単元において，人物の働きについて調べる初めての学習です。本時で人物の調べ方を学ぶことで，次時以降に生かすことができます。

2章 授業の流れが一目でわかる！社会科6年板書型指導案

「天皇中心の国づくり」 2／6時

ねらい 聖徳太子がどのような国づくりを目指したか，世の中の様子と関連づけて考え，学習問題をつくる。

つけたい力と評価

年表や人物の業績と世の中の様子を関連づけて考え，学習問題を見出している。

思考力・判断力・表現力等

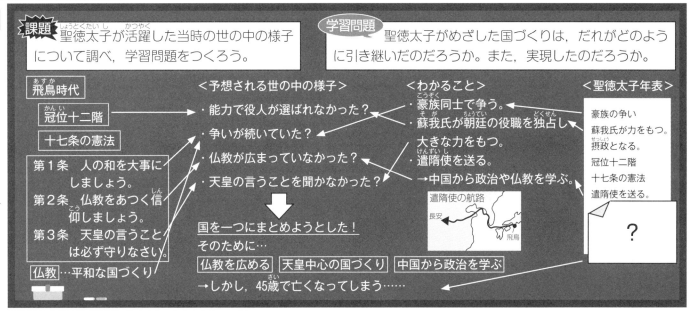

課題 聖徳太子が活躍した当時の世の中の様子について調べ，学習問題をつくろう。

学習問題 聖徳太子がめざした国づくりは，だれがどのように引き継いだのだろうか。また，実現したのだろうか。

飛鳥時代
冠位十二階
十七条の憲法
　第1条　人の和を大事にしましょう。
　第2条　仏教をあつく信仰しましょう。
　第3条　天皇の言うことは必ず守りなさい。
仏教…平和な国づくり

＜予想される世の中の様子＞
・能力で役人が選ばれなかった？
・争いが続いていた？
・仏教が広まっていなかった？
・天皇の言うことを聞かなかった？
↓
国を一つにまとめようとした！
そのために…
仏教を広める　天皇中心の国づくり　中国から政治を学ぶ
→しかし，45歳で亡くなってしまう……

＜わかること＞
・豪族同士で争う。
・蘇我氏が朝廷の役職を独占し大きな力をもつ。
・遣隋使を送る。
→中国から政治や仏教を学ぶ。

遣隋使の航路　長安　飛鳥

＜聖徳太子年表＞
豪族の争い
蘇我氏が力をもつ。
摂政となる。
冠位十二階
十七条の憲法
遣隋使を送る。

つかむ（10分）

①聖徳太子の業績を振り返る。
②「十七条の憲法」の第一条に着目し，このような憲法がつくられたのは，どんな世の中だったからか予想し，本時の課題を設定する。
　教 みんな争わないようにと言っているのはどういう世の中だったからだと思う？
　児 争っていた世の中？

調べる（20分）

①聖徳太子の業績から，当時の世の中がどのような時代であったか予想し，発表し，矢印でつなぐ。
②予想が正しかったかどうか，年表や教科書で調べ，発表し，矢印でつなぐ。 **Point**

まとめる（15分）

①聖徳太子の業績と世の中の様子を関連づけ，聖徳太子が「仏教」「天皇中心の政治」「中国から学ぶ」という3つの柱で，国を一つにまとめようとしたことを捉えさせる。
②聖徳太子が45歳で亡くなってしまうことを年表から知り，その後，国づくりがどうなってしまったのか考えさせ，学習問題を設定する。

Point 本時のポイント…予想や調べた事実について板書する際，資料の記述と矢印でつなぐことで，資料を根拠に発表したり意見をもったりすることができます。

「天皇中心の国づくり」3／6時

ねらい 中大兄皇子の業績について調べ，天皇中心の政治のしくみが整ったことを理解する。

つけたい力と評価

中大兄皇子の業績について調べ，その働きによって天皇中心の政治のしくみが整ったことを理解している。

知識及び技能

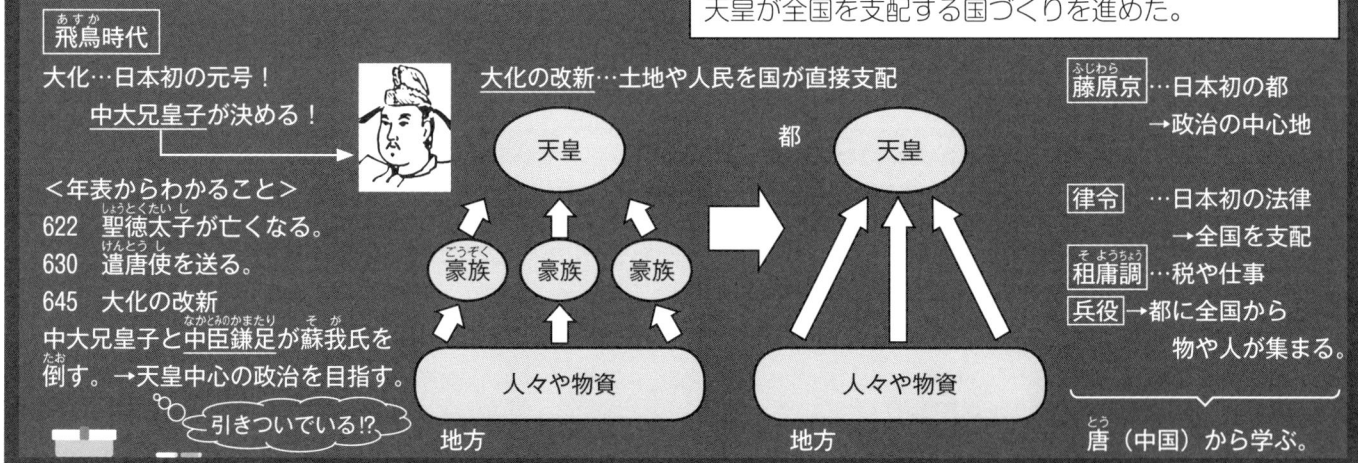

課題 中大兄皇子は，どのようにして天皇中心の国づくりを進めたのだろうか。

まとめ 中大兄皇子は大化の改新を行い，土地や人民を国のものにし，都や法律をつくり，税のしくみを整え，天皇が全国を支配する国づくりを進めた。

飛鳥時代

大化…日本初の元号！
→中大兄皇子が決める！

＜年表からわかること＞
622　聖徳太子が亡くなる。
630　遣唐使を送る。
645　大化の改新
中大兄皇子と中臣鎌足が蘇我氏を倒す。→天皇中心の政治を目指す。

引きついている!?

大化の改新…土地や人民を国が直接支配

天皇

豪族　豪族　豪族

人々や物資

地方

都　天皇

人々や物資

地方

藤原京…日本初の都
→政治の中心地

律令…日本初の法律
→全国を支配

租庸調…税や仕事

兵役→都に全国から物や人が集まる。

唐（中国）から学ぶ。

つかむ（10分）

①聖徳太子が亡くなったあと，飛鳥時代に日本で初めての元号「大化」が中大兄皇子によって定められたことを紹介する。
②年表から，中大兄皇子が大化の改新を行ったことを知り，本時の課題を設定する。

調べる（25分）

①大化の改新や政策について調べさせる。
②**教** 土地や人民が国のものになったことにより，どのようなよいことがありますか？　説明しましょう。　**Point**
　児 豪族を介さず，直接支配ができます。
　児 物資も直接とりたてることができます。
③その他の業績についても，その意味を考えさせる。

まとめる（10分）

①中大兄皇子が進めた改革により，天皇が全国を支配するしくみが整ったことを確認する。
②本時のまとめを文章で表現させる。

本時のポイント…説明させることで，人物の行った業績の意味や特色を考えることができます。

「天皇中心の国づくり」 4／6時

ねらい　聖武天皇の働きと世の中の様子について関連づけて調べ，仏教で国を守ろうとしたことを理解する。

つけたい力と評価

聖武天皇の働きと世の中の様子について関連づけて調べることで，仏教で社会の不安をしずめようとしたことを理解している。

知識及び技能

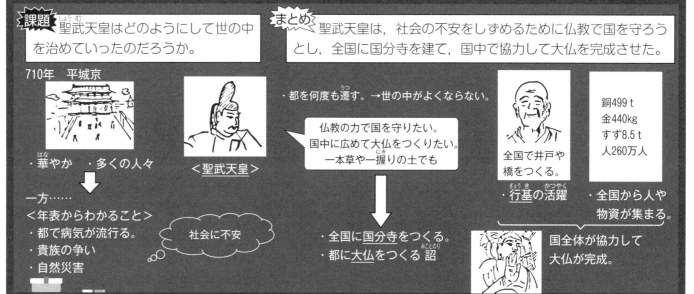

- **課題** 聖武天皇はどのようにして世の中を治めていったのだろうか。
- **まとめ** 聖武天皇は，社会の不安をしずめるために仏教で国を守ろうとし，全国に国分寺を建て，国中で協力して大仏を完成させた。

710年　平城京
・華やか　・多くの人々

一方……
＜年表からわかること＞
・都で病気が流行る。
・貴族の争い
・自然災害

社会に不安

＜聖武天皇＞
・都を何度も遷す。→世の中がよくならない。

仏教の力で国を守りたい。国中に広めて大仏をつくりたい。一本草や一握りの土でも

・全国に国分寺をつくる。
・都に大仏をつくる詔

銅499 t
金440kg
すず8.5 t
人260万人

・全国で井戸や橋をつくる。
・行基の活躍
・全国から人や物資が集まる。

国全体が協力して大仏が完成。

つかむ（10分）

①710年に平城京に都が遷ったことを年表から確かめ，想像図からその栄えた様子を読み取らせる。
②年表から，聖武天皇の時代に社会に不安が広がっていたことを読み取らせ，本時の課題を設定する。

調べる（25分）

①聖武天皇が都を何度も遷したものの，社会の不安が収まらなかったことを調べさせる。
②大仏造営の詔などの資料を読み取り，聖武天皇が仏教の力で国を守ろうとしたことを調べさせる。**Point**
③全国に国分寺を開いたことや，国中で協力して大仏づくりを行い完成させたことを調べさせる。

まとめる（10分）

①調べたことを文章で表現させる。
②奈良の大仏が世界遺産になっていることに触れ，その価値に気づかせる。
③聖武天皇や后の光明皇后が，寺院で孤児や病人の世話をしたエピソードを紹介し，現代でいう社会福祉事業を行っていたことにも触れる。

本時のポイント…当時の社会の様子と人物の業績を関連づけて考えさせることで，時代の特色を理解することができます。

2章 授業の流れが一目でわかる！社会科6年板書型指導案

「天皇中心の国づくり」5／6時

ねらい 奈良時代の国際交流について調べ，日本に大陸の文化や技術がもたらされたことを理解する。

つけたい力と評価

奈良時代の国際交流について調べ，遣唐使による大陸との交流により，日本の文化が発展したことを理解している。

知識及び技能

課題 聖武天皇の時代にはどのような国際交流が行われていたのだろうか。

まとめ 留学生が命がけで中国にわたり，中国の進んだ文化や技術を学んだ。また，日本に来日し，文化や技術を伝える人もいた。

奈良時代 ＜正倉院の宝物＞

＜正倉院＞

中国は西アジアやヨーロッパともつながりがある国際都市

奈良時代の国際交易路（シルクロード）

日本は大陸の進んだ技術や文化を取り入れる。

中国風の文化が流行する。

中国や朝鮮から日本へわたってきた人もいる！
→すぐれた技術や文化を伝える。

＜遣唐使＞
船で多くの留学生が船で中国へ。
→命がけで学びに行く。

＜鑑真＞
・中国の高僧
・日本に正しい仏教を広めるため来日
・6度の航海→失明

＜高麗若光＞
・高句麗の王族
・関東に移り住む。
・地域の開発
・復興支援

つかむ（10分）

①世界遺産に登録されている正倉院について紹介する。
②正倉院に保管されている聖武天皇の宝物が，遥か西アジアから中国を介して運ばれたものだと知り，本時の課題を設定する。

調べる（25分）

①遣唐使について調べ，多くの留学生が唐に優れた文化や政治のしくみを学んだこと，その航海が命がけであったことを捉えさせる。
②遣唐使による国際交流の結果，日本では中国風の文化が生まれたことを調べさせる。 **Point**
③鑑真について調べ，大陸からも，日本のために命がけで来日した人物がいたことを知る。

まとめる（10分）

①埼玉県日高市の高麗神社を紹介し，奈良時代に高句麗の王族が日本にわたり，地域の開発や当時日本で起こった震災の復興に力を注いだことを紹介する。
※県内の歴史的事例を紹介する一例
②奈良時代の国際交流について調べたことをまとめる。

本時のポイント…当時の大陸との交流によって，日本に大陸風文化が形成されていったことが理解できるようにします。

50

2章 授業の流れが一目でわかる！社会科6年板書型指導案

「天皇中心の国づくり」6／6時

ねらい 人物と人物の業績の関連や，その意味について考えることで，学習問題の結論を表現する。

つけたい力と評価

人物の業績や役割を考え，聖徳太子の天皇中心の国づくりが受け継がれて実現した歴史の展開を考えている。

思考力・判断力・表現力等

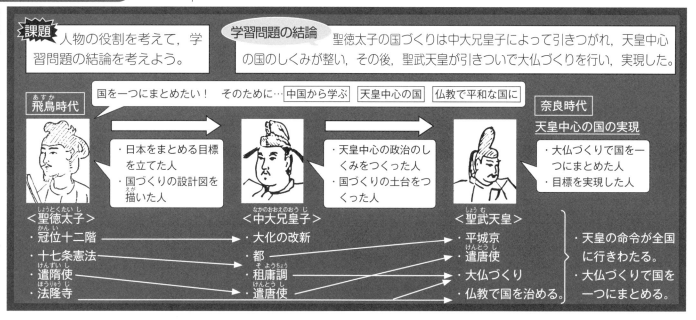

つかむ（10分）

①学習問題を振り返り，聖徳太子が国を一つにまとめようとしたこと，そのために，中国から学んだこと，天皇中心の国を目指したこと，仏教を広めようとしたことを振り返る。
②本時の課題を設定する。

調べる（25分）

①聖武天皇，中大兄皇子，聖武天皇の実績について振り返り，それぞれどのようなつながりがあるか線で結ばせる。
②聖徳太子の国づくりが誰のときに完成したか話し合い，その理由も考えさせる。
③それぞれの業績から，3人の役割について考え，話し合わせる。

まとめる（10分）

①学習問題のまとめを，文章で表現させる。
②小単元全体を振り返る。

本時のポイント…人物の役割について考えさせることで，人物の業績の意味や特色について理解させることができます。

2章

授業の流れが一目でわかる！社会科6年板書型指導案

「貴族の生活と文化」 1／4時

ねらい 貴族の生活の様子から平安時代の文化について関心をもち，学習問題を見出し，追究しようとする。

つけたい力と評価

貴族の生活の様子から平安時代の文化について関心をもち，学習問題について追究しようとしている。

主体的に関わろうとする態度

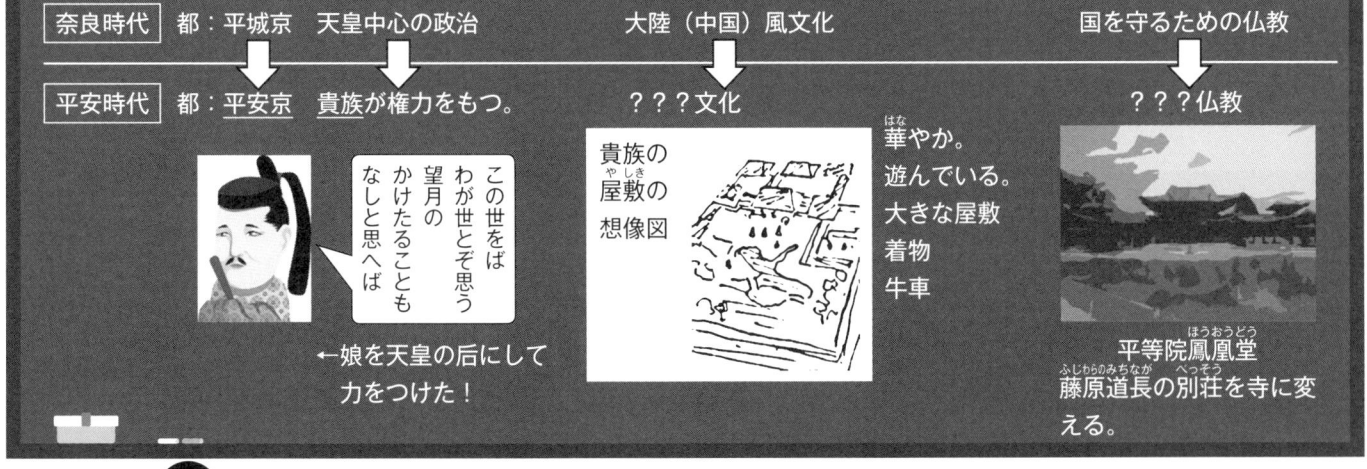

課題 平安時代の貴族のくらしについて調べ，学習問題をつくろう。

学習問題 貴族が力をもった平安時代には，どのような文化が栄えたのだろうか。

| 奈良時代 | 都：平城京 | 天皇中心の政治 | 大陸（中国）風文化 | 国を守るための仏教 |

| 平安時代 | 都：平安京 | 貴族が権力をもつ。 | ？？？文化 | ？？？仏教 |

この世をば わが世とぞ思う 望月の かけたることも なしと思へば

←娘を天皇の后にして力をつけた！

貴族の屋敷の想像図

華やか。遊んでいる。大きな屋敷 着物 牛車

平等院鳳凰堂
藤原道長の別荘を寺に変える。

つかむ（10分）

Point

①奈良時代の政治，文化，仏教を振り返る。
②都が平安京に遷ったことを地図で確かめる。
③藤原道長と望月の歌や藤原氏の家系図を紹介し，貴族が大きな権力をもっていたことを知る。
④藤原の道長の屋敷の想像図を提示する。
⑤本時の課題を設定する。

調べる（25分）

①貴族の屋敷の想像図から，くらしの様子を読み取らせる。
②読み取ったことを発表させる。

まとめる（10分）

① **教** 平安時代はどんな文化と言えるかな？
児 貴族中心の華やかな文化ではないか？
②学習問題をつくる。
③藤原道長の別荘が，のちに平等院鳳凰堂になったことも紹介し，当時の仏教についても調べていくことを確認する。

本時のポイント…全小単元の内容を振り返っておくことで，貴族が活躍した時代に新しい文化が生まれたことに気づくことができます。

⑤ 貴族の生活と文化

「貴族の生活と文化」 2／4時

ねらい　貴族の生活の様子から平安時代の文化について関心をもち，学習問題を見出し，追究しようとする。

つけたい力と評価

平安時代に生まれた文化について調べ，日本風の文化が生まれたことを理解している。

知識及び技能

つかむ（10分）

①源氏物語を題材とした絵を読み取り気づいたことを発表させる。
　児　着物がとてもきれいだね
　児　奈良時代と服装が少しちがうね。
②本時の学習課題を設定する。

調べる（25分）

①教科書や資料集をもとに平安時代の文化について調べさせる。
②調べたことを発表する。
③どんな文化と言えるか話し合い，自分の言葉で表現させる。　**Point**
④日本風の文化になったことを確認する。

まとめる（10分）

①なぜ日本風の文化が生まれたか，年表から答えを見つけさせる。
②遣唐使の廃止によって大陸との交流がなくなったから日本風の文化になったことを捉えさせる。
③本時のまとめを書かせる。

本時のポイント…調べたことから，文化の特徴を自分の言葉で表現する活動を通して，文化の特色に気づいたり，理解を深めたりすることができます。

2章 授業の流れが一目でわかる！社会科6年板書型指導案

「貴族の生活と文化」 3／4時

ねらい 平安時代に生まれた文化について調べ，日本風の文化が生まれたことを理解する。

つけたい力と評価

平安時代に生まれた文化について調べ，日本風の文化が生まれたことを理解している。

知識及び技能

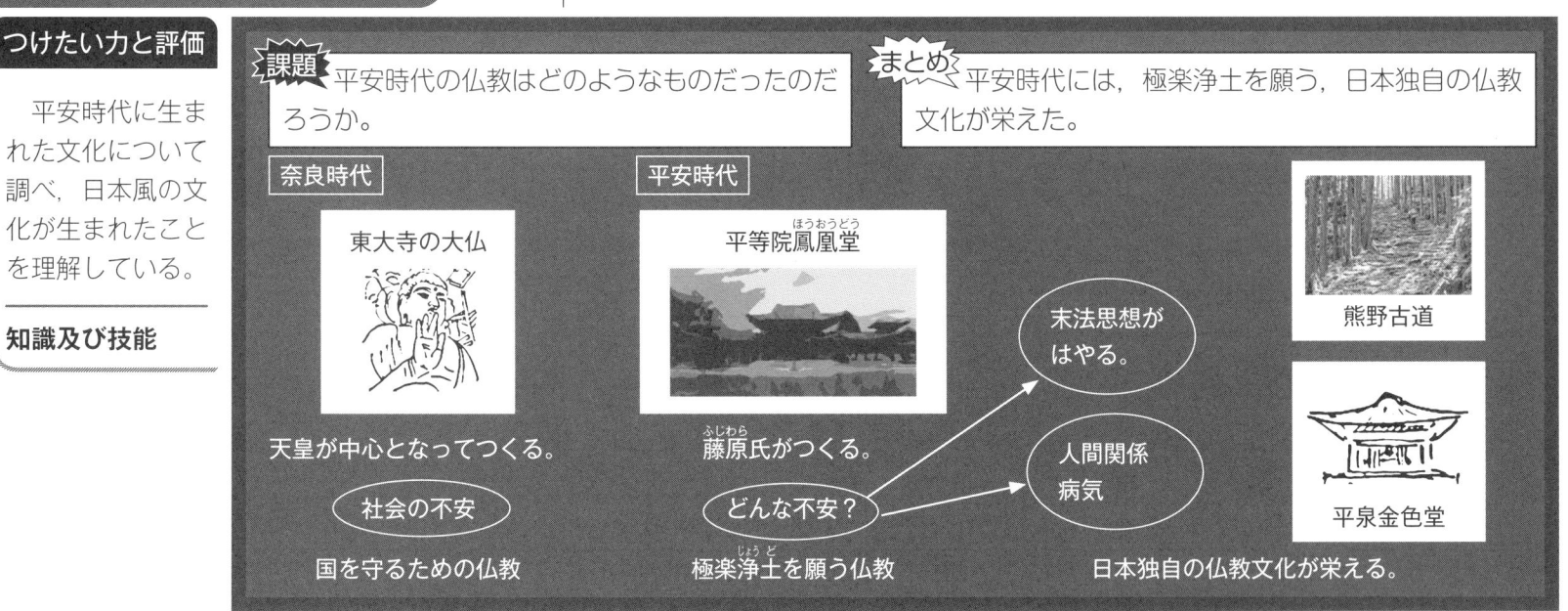

課題 平安時代の仏教はどのようなものだったのだろうか。

まとめ 平安時代には，極楽浄土を願う，日本独自の仏教文化が栄えた。

奈良時代
東大寺の大仏
天皇が中心となってつくる。
社会の不安
国を守るための仏教

平安時代
平等院鳳凰堂（ほうおうどう）
藤原氏（ふじわら）がつくる。
どんな不安？
極楽浄土（じょうど）を願う仏教

末法思想がはやる。
人間関係病気

熊野古道
平泉金色堂
日本独自の仏教文化が栄える。

つかむ（10分）

①奈良時代の仏教について，天皇が社会の不安をしずめるために，国全体で大仏をつくったことを振り返る。

②平安時代にできた平等院鳳凰堂が，貴族の藤原氏が建てた寺院であることを紹介し，本時の課題を設定する。

調べる（25分）

①平安時代の社会の様子について教科書で調べ，どのような世の中であったか調べさせる。

②貴族の人間関係や病気，末法思想などの理由から，極楽浄土を願う日本独自の仏教文化が栄えたことを捉えさせる。

Point

まとめる（10分）

①平等院鳳凰堂以外にも，熊野古道や平泉などの仏教遺産が残されていて，今も信仰の場所として残されていることを紹介する。

②本時のまとめを書かせる。

54

Point 本時のポイント…当時の社会の様子と関連づけて調べさせることで，日本独自の仏教文化が生まれた背景やその特色について理解できます。

「貴族の生活と文化」 4／4時

2章

ねらい 平安時代の文化の特色について考え，表現する。

つけたい力と評価

平安時代の文化の特色について考え，適切に表現している。

思考力・判断力・表現力等

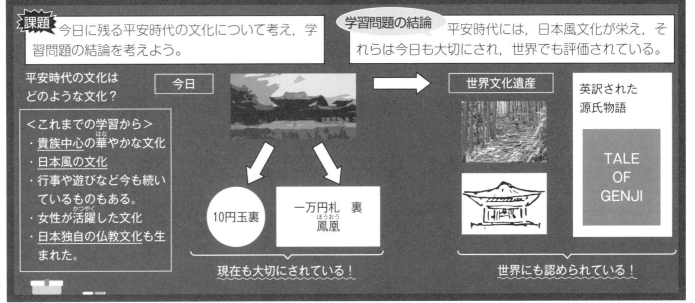

課題 今日に残る平安時代の文化について考え，学習問題の結論を考えよう。

平安時代の文化はどのような文化？

〈これまでの学習から〉
・貴族中心の華やかな文化
・日本風の文化
・行事や遊びなど今も続いているものもある。
・女性が活躍した文化
・日本独自の仏教文化も生まれた。

今日

10円玉裏　一万円札　裏　鳳凰（ほうおう）

現在も大切にされている！

学習問題の結論 平安時代には，日本風文化が栄え，それらは今日も大切にされ，世界でも評価されている。

世界文化遺産

英訳された源氏物語

TALE OF GENJI

世界にも認められている！

つかむ（15分）

①学習課題を提示する。
②平安時代の文化がどのような文化であったかこれまでの学習を振り返らせる。
③平等院鳳凰堂が，十円玉やお札のモチーフになっていることを知り，本時の課題を設定する。

調べる（20分）

①平等院鳳凰堂や熊野古道，中尊寺が世界遺産に登録されていることを調べさせる。
②源氏物語が世界各国で翻訳出版されていることを調べさせる。 **Point**
③平安時代の文化がどのような文化か，改めて問い直す。 今も大切にされている文化
 世界にも認められている文化

まとめる（10分）

①学習問題のまとめを書き，本小単元を振り返る。

本時のポイント…我が国の文化遺産が，世界からも評価されていることを知ることで，文化遺産の価値について考えることができます。

「武士による政治」 1／6時　ねらい　中世の武士のくらしに興味関心をもち，意欲的に調べる。

つけたい力と評価

中世に現れた武士のくらしに関心をもち，想像図から意欲的に調べようとしている。

主体的に関わろうとする態度

課題 武士はどのようなくらしをしていたのだろうか。

まとめ 武士は地方の農村で自給自足の生活をしながら，自分の土地を守るために戦いに備えたくらしをしていた。

＜みんながイメージする武士＞＜10世紀ごろに現れた武士＞　同じころ 貴族 は 都 で華やかなくらし

武士の館の想像図

・戦国武将　・侍　・城
・よろい　・まげ
・刀　・時代劇
・強そう　・こわそう
・戦う人→何のために戦うの？

・質素なくらし
・周りに山や自然
　→地方でくらしている。
・農業をしている。
　→自給自足の生活
・やぐらや堀
・剣道の練習？
・馬に乗りながら弓矢
　→戦いに備える。

今も残る武士の文化
・剣道　・はかま
・弓道　・はちまき
・流鏑馬（○○神社）

一生懸命

つまり…自分の土地を守るために，戦いに備えたくらし ＝一所懸命（自分の土地を命を懸けて守る）

つかむ（10分）

①事前に武士に対してのイメージや知っていることについてアンケートを取り，その結果を発表する。**Point**

②武士の館の想像図を示し，自分たちが想像していた戦国武将や時代劇の侍，城郭などと少しイメージが離れていることに気づかせる。

③本時の学習課題を設定する。

調べる（25分）

①武士の館の想像図から，地方にいることや，武士のくらしぶりを読み取らせる。

②堀や櫓，武芸に励む様子から，戦いに備えていることに気づかせる。

③自給自足の生活をしていることから，自分の土地を守るために戦いに備えていたことに気づかせ，教科書や資料集で確認させる。

まとめる（10分）

①一所懸命という言葉を紹介し，一生懸命の語源で，武士が自分の土地を，命をかけて守るという意味であることを捉えさせる。

②武士の館の想像図から，現在にも残る武士の文化はないか問いかけ，剣道や弓道などがあることに気づかせる。また，流鏑馬を紹介する。

③本時のまとめを文章で書かせる。

Point 本時のポイント…事前に学習内容のレディネスアンケートを取っておくことで，単元の導入時の効果的な資料提示に生かすことができます。

2章 「武士による政治」 2／6時

ねらい：貴族と武士の関係の変化から考えたことをもとに学習問題を見出す。

つけたい力と評価

貴族と武士の関係の変化から考えたことをもとに学習問題を見出し，意欲的に追究しようとしている。

主体的に関わろうとする態度

課題 武士と貴族の関係について調べ，学習問題をつくろう。

学習問題 武士が力をつけ，世の中はどのようになっていったのだろうか。

貴族に道を開ける武士　平治物語絵巻

立場逆転？

武士に道を開ける貴族　平治物語絵巻

読み取れること
・武士が都にいる。　・貴族に武士が道を開けている。
・貴族をたくさんの武士が守っている？

調べてわかったこと
・皇族や貴族の争いに参加　・都や屋敷(やしき)の警備
→つまり　武士は貴族に仕えていた！

読み取れること
・武士が道の真ん中を歩いている！
・貴族が武士の行列を見守っている。

疑問に思ったこと　→　**予想**
・どうやって力をつけた？→貴族にはない武力で？
・世の中が変わった？→武士が政治をするようになった？

つかむ（10分）
①平治物語絵巻の武士が貴族に道を開けている場面を提示する。
②武士が貴族に仕えていること，地方にいた武士が都にいることに気づかせる。
③本時の課題を設定する。

調べる（25分）
①教科書や資料集から，武士と貴族の関係や，武士が都にいる理由を調べさせる。
②武士が都の警備をしていたことや，朝廷の争いで活躍したことなどを確認する。
③平治物語絵巻の続きを見せ，武士と貴族の立場が逆転していることに気づかせる。 **Point**

まとめる（10分）
①疑問に思ったことや，予想したことを発表し，学習問題を設定する。 **Point**

本時のポイント…武士の立場が大きく変化したことがわかる資料を提示することで問いをもたせ，学習問題の設定につなげることができます。

2章

授業の流れが一目でわかる！社会科6年板書型指導案

「武士による政治」 3／6時

ねらい 平氏と源氏の台頭や，源平合戦について調べ，武士の政治が始まったことを理解する。

つけたい力と評価

　平氏と源氏の台頭や，源平合戦について調べ，武士の政治が始まったことを理解している。

知識及び技能

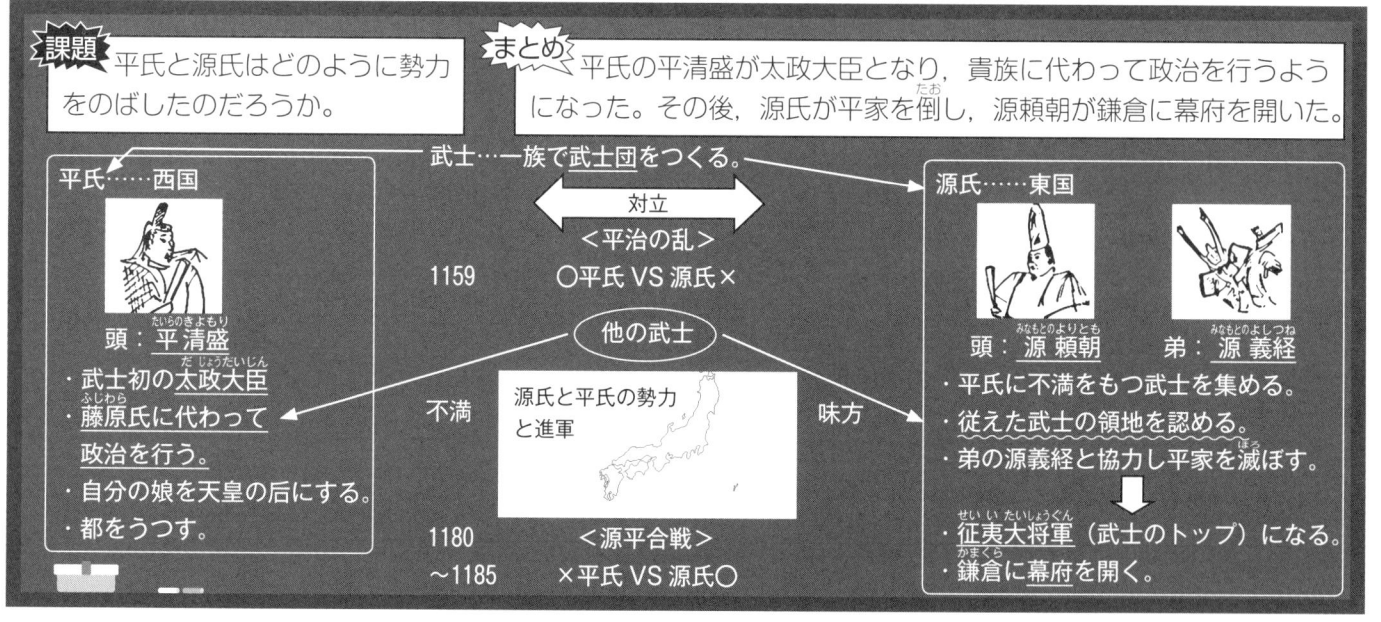

課題 平氏と源氏はどのように勢力をのばしたのだろうか。

まとめ 平氏の平清盛が太政大臣となり，貴族に代わって政治を行うようになった。その後，源氏が平家を倒し，源頼朝が鎌倉に幕府を開いた。

武士…一族で武士団をつくる。

対立

平氏……西国

頭：平清盛

・武士初の太政大臣
・藤原氏に代わって政治を行う。
・自分の娘を天皇の后にする。
・都をうつす。

1159　＜平治の乱＞
〇平氏 VS 源氏×

他の武士

不満　源氏と平氏の勢力と進軍　味方

1180　＜源平合戦＞
～1185　×平氏 VS 源氏〇

源氏……東国

頭：源頼朝　　弟：源義経

・平氏に不満をもつ武士を集める。
・従えた武士の領地を認める。
・弟の源義経と協力し平家を滅ぼす。

・征夷大将軍（武士のトップ）になる。
・鎌倉に幕府を開く。

つかむ（5分）

①武士が武士団を形成し，中でも源氏と平氏が力をもったことを，教科書から確かめる。

②本時の課題を設定する。

調べる（30分）

①年表や教科書から，平氏の頭の平清盛や，源氏の頭の源頼朝について調べさせる。

Point

②調べたことを発表させ，清盛が太政大臣になったこと，頼朝が平氏に不満をもつ武士を集めて平氏を倒すために兵をあげたことなどを板書にまとめる。

③源平合戦について，教科書や資料集，地図を使い，どのような戦いでどのような結果になったのか調べさせる。

まとめる（10分）

①源平合戦で源氏が勝ち，頼朝が鎌倉に幕府を開いたことを調べさせる。

②その後，頼朝はどのような政治を行ったのか予想させ，次時への見通しをもたせる。

※時間がある場合は，義経のエピソードを紹介したり，大河ドラマの壇ノ浦の戦いのシーンを視聴したりして，興味関心を高めさせる。

Point 本時のポイント…人物の立場や世の中の様子について，児童が調べたことを板書に図式化します。

⑥武士による政治

2章 「武士による政治」 4／6時

ねらい：頼朝の行った政治について調べ，幕府と御家人が土地を仲立ちとした主従関係で結ばれていたことを理解する。

つけたい力と評価

幕府が，土地を仲立ちとした主従関係で御家人を従えていったことを理解している。

知識及び技能

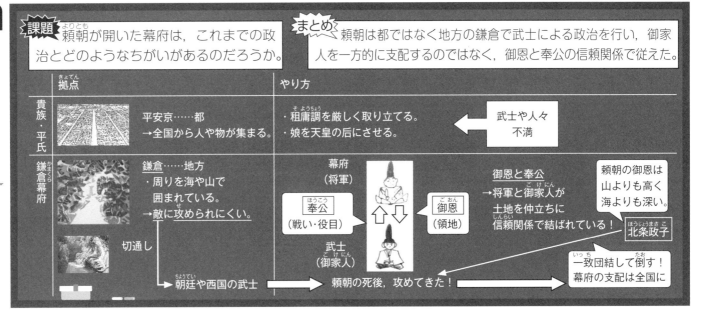

つかむ（10分）

①前時の学習で，頼朝が幕府を開いたことを振り返る。
②幕府があった鎌倉の航空写真を見せ，天皇や貴族が政治をしていた都と大きく様子がちがうことに気づかせ，本時の課題を設定する。

調べる（25分）

①都の様子と比較しながら鎌倉の航空写真を読み取り，鎌倉が敵から攻められにくい地形であることに気づかせる。
②貴族や平氏の政治と比較させながら，御恩と奉公のしくみを調べさせることで，幕府が一方的に支配したのではなく，土地を仲立ちとした主従関係で結ばれていたことを理解させる。 **Point**

まとめる（10分）

①北条政子のエピソードを紹介し，幕府と御家人の関係が御恩と奉公によって深く結ばれていたことに気づかせる。
②本時のまとめを文章で書く。

本時のポイント…貴族や平氏の政治と比較させることで，御恩と奉公の関係が，武士独自の政治のしくみであったことを理解することができます。

2章

授業の流れが一目でわかる！社会科6年板書型指導案

「武士による政治」5／6時

ねらい 元との戦いの様子やその影響について調べ，幕府と御家人の御恩と奉公の関係が崩れたことを理解する。

つけたい力と評価

元との戦いの様子やその影響から，幕府と御家人の御恩と奉公の関係が重要であったことを理解している。

知識及び技能

課題 幕府は元とどのように戦い，その後，どうなったのだろうか。

まとめ 武士は命がけで元と戦い追い返したが，幕府は十分な恩賞が与えられず，御恩と奉公の関係が崩れ，鎌倉幕府の滅亡につながった。

年表から…1333年幕府滅亡！→元が攻めてきたことと関係がある？

元

8代執権
北条時宗（ほうじょうときむね）

戦う決意！

＜元（モンゴル帝国（ていこく））＞
・中国や朝鮮（ちょうせん）を支配
・日本に従うよう要求
→日本を2度攻める！

元軍	武士
・集団戦法	・個人戦
・火薬兵器	・刀や弓

→全国の武士が命がけで日本を守る！
→暴風雨などにより元軍は引き上げる。

どのような思いで戦った？
・日本を守りたい！（一所懸命（けんめい））
・幕府のために！（いざ鎌倉）
・役目を果たして恩賞をもらうぞ。

しかし！！
幕府は十分な恩賞を与えられなかった。
→新しい土地は手に入っていない！
→あげたくてもあげられない。

武士は生活が苦しくなる。
→御恩（ごおん）と奉公（ほうこう）の関係が崩（くず）れる。
→鎌倉幕府の力が弱まり滅亡。

つかむ（10分）

①年表から，1333年に幕府が滅んでいること，直前に元が2度攻めてきたことを読み取り，幕府の滅亡と何か関係があるのかと疑問をもたせる。

②モンゴル帝国の地図を提示する。
　🧒こんな大きなところとどうやって戦ったの？

③本時の課題を設定する。

調べる（25分）

①「蒙古襲来絵詞」から，元と日本の戦いのちがいを読み取り，日本が苦戦したことに気づかせる。

②教科書や資料集から，元寇について，日本の武士がなんとか元を追い払ったことを調べさせる。

③武士がどのような思いで戦ったか考えさせる。

④新しい土地が手に入らず，幕府が十分な恩賞を与えられなかったことを知る。

Point

まとめる（10分）

①🧑‍🏫幕府が恩賞を与えられないと，御家人はどうなってしまうかな？
　🧒不満が出ると思います。
　🧒御恩と奉公の関係が崩れます。

②御恩と奉公の関係が崩れたことが，幕府の滅亡につながったことを理解できるようにする。

本時のポイント…武士の思いを考えることで，御恩と奉公の重要性について考えることができます。

60

⑥武士による政治

2章 授業の流れが一目でわかる！社会科6年板書型指導案

「武士による政治」 6／6時

ねらい 武士の世の中について、学習したことを時系列に整理し、学習問題のまとめを表現する。

つけたい力と評価

武士の世の中について、学習したことを時系列に整理し、学習問題のまとめを表現している。

思考力・判断力・表現力等

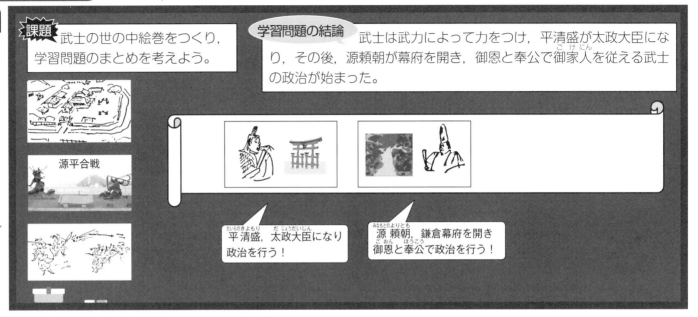

つかむ（10分）

①これまで資料として調べてきた絵図が、絵巻物の一場面であることを紹介する。
②学習問題を振り返り、本時の課題を設定する。
③グループに絵巻物の枠が印刷されたワークシートと、絵巻物の場面を印刷したものを配る。

調べる（25分）

①「武士がどのように力をつけ、世の中がどのようになったか」がわかるように、どの場面を取り入れるべきか、グループで話し合わせる。
②絵巻物の場面ごとに小タイトルを考えさせる。 **Point**
③完成した絵巻物のタイトルを考えさせる。
④完成した絵巻物を発表させる。その際、場面を選んだ理由も発表できるようにする。

まとめる（10分）

①学習問題のまとめを文章で表現させる。
②小単元全体を振り返らせる。

Point 本時のポイント…時代の展開や武士の政治の特色をタイトルで表現させることで、調べたことを簡潔に表現する力を伸ばすことができます。

61

「今に伝わる室町文化」 1／4時

ねらい 室町時代の文化を金閣や銀閣の様子から話し合い，関心をもつ。

つけたい力と評価

金閣，銀閣の建物のつくりから室町に流行った文化について考え，学習問題をつくり，調べようとしている。

主体的に関わろうとする態度

課題 京都に幕府が置かれたころ，どのような文化が生まれたのか考え，学習問題をつくろう。

学習問題 室町幕府が置かれたころ，どのような文化が生まれたのだろうか。

足利義満（あしかがよしみつ）
3代将軍
明との貿易

金閣 1397年

華やか，きれい
3階建て，すべてつくりがちがう，鳳凰（ほうおう）

どちらも室町時代の建物

銀閣 1489年

素朴（そぼく），質素，寂しい（さび）
2階建て，木がむき出し

足利義政（よしまさ）
8代将軍

〈平安時代〉
貴族が政治

日本風の文化

末法

〈室町時代〉
武士が政治

どんな文化？

特徴（とくちょう）は？

つかむ（10分）

①「鎌倉幕府滅亡〜室町幕府を開く」までの資料（教科書）を読み，流れを理解させる。
②室町幕府の位置，武家の文化が京都に入ってきたことを確認させる。
③本時の学習課題を提示する。
④予想を話し合う。

調べる（25分）

①金閣と銀閣の資料を提示し，それぞれの文化の特徴をノートにまとめて全体で交流する。
②年表でつくられた年，建てた人物を調べて時代の流れを理解させる。
③これまで学習してきた貴族の文化や天皇中心の文化を振り返り，どんな文化と言えるか，話し合わせる。**Point**

まとめる（10分）

①学習問題をつくる。
②これまでの文化の学習をもとに，予想を考えさせ，学習計画をつくる。
③学習の振り返りを書かせる。
＊本時の振り返りだけでなく，予想とその理由を書くようにする。

Point 本時のポイント…本単元は2回目の文化の学習です。前回と同じ表を提示し，学習計画を立てられるようにします。

「今に伝わる室町文化」 2／4時

ねらい 室町時代に流行った文化について調べ，現在に残るものが多くあることを理解する。

つけたい力と評価

資料から，室町時代の文化を調べ，現在とつながりがあるものが多いことを理解している。

知識及び技能

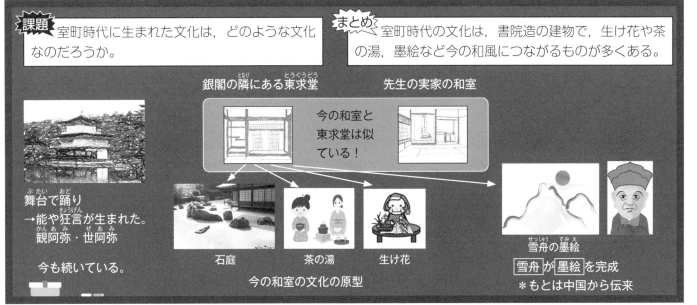

課題 室町時代に生まれた文化は，どのような文化なのだろうか。

まとめ 室町時代の文化は，書院造の建物で，生け花や茶の湯，墨絵など今の和風につながるものが多くある。

- 銀閣の隣にある東求堂
- 先生の実家の和室
- 今の和室と東求堂は似ている！
- 舞台で踊り → 能や狂言が生まれた。
- 観阿弥・世阿弥
- 今も続いている。
- 石庭／茶の湯／生け花
- 今の和室の文化の原型
- 雪舟の墨絵
- 雪舟が墨絵を完成
- ＊もとは中国から伝来

つかむ（10分）

①本時の学習課題を提示する。
②金閣と銀閣を提示し，建物の中に着目させ，どのような様子なのか予想をもたせる。

調べる（25分）

①金閣の1階の境内を提示し，能や狂言が踊られていたことを理解させる。
②書院造の写真を提示し，部屋に合うものを話し合い，生け花や茶の湯などが流行したことを理解させる。

まとめる（10分）

①気づいたことを話し合い，今とのつながりが深いことを理解させる。
②本時のまとめを書かせる。
③まとめを読み合い，学習の振り返りをする。

本時のポイント…部屋の中に着目することで金閣，銀閣で導入しますが，正確には銀閣ではなく隣の東求堂の部屋であることは確実に理解させます。

2章

授業の流れが一目でわかる！社会科6年板書型指導案

「今に伝わる室町文化」 3／4時

ねらい 室町時代の庶民の生活の変化について調べ，生活や文化が広まったことを理解する。

⑦ 化　今に伝わる室町文

つけたい力と評価

様々な工夫をして，室町時代の人々はくらしを豊かにして，文化が広まっていったことを理解している。

知識及び技能

課題 武士が中心の室町時代，庶民（しょみん）の生活はどのようなものだったのだろうか。

まとめ 村の人々が協力し合い，農作業を工夫したり，お祭りを行ったりして生活をよりよくしていった。

・1日3食になった。
・品数が増えた。

・裕福（ゆうふく）になった。
・余裕（よゆう）ができた。

農業の様子絵巻

①女性も男性も働いている。　→　村で協力　長老

②牛を使っている。　→　二毛作・用水路など農業の工夫

③楽器を吹（ふ）いている人がいる。　→　田楽，お祭り→能や狂言（きょうげん）へ「たくさん実りますように」

<u>生産力が向上→人々のくらしが豊かになる→庶民 "も" 文化に親しめるようになる</u>

つかむ（10分）

①平安と室町の食事の様子を提示し，比較して話し合わせる。
②2つの比較から言えることを発表させる。
③本時の学習課題を提示する。

調べる（25分）

①農作業の様子を提示し，どのような様子なのか調べさせる。（①〜③のような観点が出る）
②調べたことから言えることを発表させる。

教 なぜ，牛も使っているのでしょう。**Point**
児 効率を上げるため。二毛作をする。

③教科書や資料から3つの観点をまとめさせる。

まとめる（10分）

①これらにより庶民の生活が変化し，文化や娯楽が広がっていったことを理解する。
②本時のまとめを書かせる。
③まとめを読み合い，学習のまとめをする。

Point 本時のポイント…この単元は，教え込みになりがちですが，資料から読み取れることの「わけ」を話し合うことで知識とつなげるようにします。

「今に伝わる室町文化」 4／4時

ねらい 調べたことを整理して、学習問題の結論を表現する。

つけたい力と評価

室町の文化と庶民の生活について整理して、学習問題の結論を表現している。

思考力・判断力・表現力等

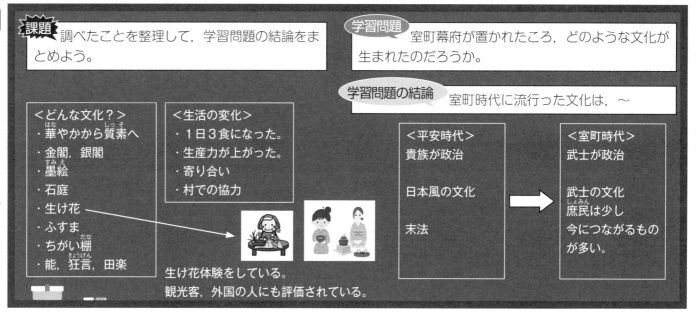

課題 調べたことを整理して、学習問題の結論をまとめよう。

学習問題 室町幕府が置かれたころ、どのような文化が生まれたのだろうか。

学習問題の結論 室町時代に流行った文化は、～

＜どんな文化？＞
・華やかから質素へ
・金閣、銀閣
・墨絵
・石庭
・生け花
・ふすま
・ちがい棚
・能、狂言、田楽

＜生活の変化＞
・1日3食になった。
・生産力が上がった。
・寄り合い
・村での協力

生け花体験をしている。
観光客、外国の人にも評価されている。

＜平安時代＞
貴族が政治

日本風の文化

末法

＜室町時代＞
武士が政治

武士の文化
庶民は少し
今につながるものが多い。

つかむ（5分）

①本時の学習課題を提示する。
②学習問題を確認する。
③観点を示す。＊第1時と同様。
　〈どんな文化か？〉
　〈生活の変化〉

調べる（20分）

①〈文化〉〈生活の変化〉について調べたことを出し合い、板書でまとめる。
②生け花を外国の方が体験している写真を示し、世界にも評価されていることを理解させる。
③第1時で提示した表を提示し、室町時代の文化はどんな文化か話し合い、まとめる。

まとめる（20分）

①学習問題の結論を書かせる。
②学習問題の結論を読み合い、振り返りを書かせる。
　教 学習問題の結論について自分の考えを書きましょう。

Point 本時のポイント…文化の単元で観点を通すことで、ちがいや似ているところを見つけることができます。

「織田・豊臣の天下統一」 1／5時

ねらい 戦国時代から安土桃山時代の戦国大名の勢力図から，学習問題を見出す。

つけたい力と評価

戦国時代から安土桃山時代の戦国大名の勢力図から学習問題を見出し，意欲的に追究しようとしている。

───────

主体的に関わろうとする態度

課題 戦国時代の勢力図を読み取り，学習問題をつくろう。

学習問題 織田信長や豊臣秀吉は，どのように天下統一を進めたのだろうか。

※応仁の乱の様子

戦国大名の勢力図

織田信長の勢力図

豊臣秀吉の勢力図

1467年
応仁の乱
→戦は全国に！
→戦国時代へ

1555年ごろ
・たくさんの戦国大名
・勝てば勢力拡大
→下剋上の時代

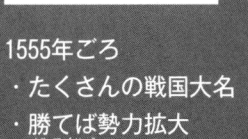

織田信長

1582年ごろ
・織田信長の勢力が拡大
・近畿地方を中心に支配

豊臣秀吉

1590年ごろ
・秀吉の勢力が拡大
・全国統一している。

つかむ（10分）

①年表や教科書から，応仁の乱をきっかけに，室町幕府の力が弱まり，戦国時代が始まったことを確かめる。

②児童が知っている戦国武将を発表させる。

③発表した戦国武将が，どこを支配していたか勢力図で確かめることを提案し，本時の課題を設定する。

調べる（25分）

①1555年ごろの勢力図から，多くの戦国武将がいることを読み取らせる。

②1582年ごろの勢力図から，信長の勢力が急激に拡大していることを調べ，戦に勝てば領土を広げられた下剋上の時代であったことを理解する。また，京都（朝廷・幕府）を囲むように勢力を広げていることにも気づかせる。

Point

まとめる（10分）

①1590年ごろの勢力図から，豊臣秀吉が天下統一を果たしたことを読み取らせる。

②学習問題を設定する。

本時のポイント…勢力図の変化を読み取ることで，位置や空間的な見方で歴史の展開を読み取ることができます。

2章 授業の流れが一目でわかる！社会科6年板書型指導案

「織田・豊臣の天下統一」 2／5時

ねらい 長篠の合戦絵巻を読み取り，信長が鉄砲を使った新しい戦い方で勢力を拡大したことを理解する。

つけたい力と評価

長篠の合戦絵巻を読み取り，信長が鉄砲を使った新しい戦い方で勢力を拡大したことを理解している。

知識及び技能

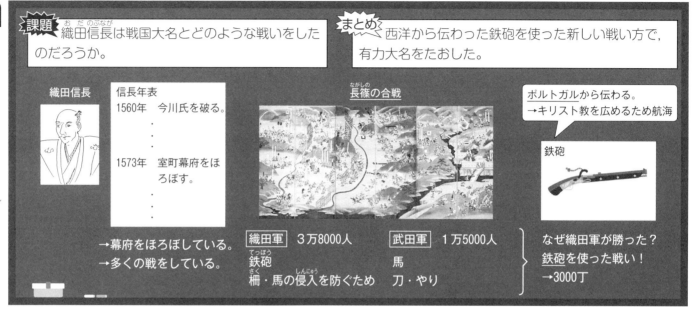

課題 織田信長は戦国大名とどのような戦いをしたのだろうか。

まとめ 西洋から伝わった鉄砲を使った新しい戦い方で，有力大名をたおした。

織田信長

信長年表
1560年　今川氏を破る。
　　：
1573年　室町幕府をほろぼす。

→幕府をほろぼしている。
→多くの戦をしている。

長篠の合戦

| 織田軍 | 3万8000人 | 武田軍 | 1万5000人 |
鉄砲
柵・馬の侵入を防ぐため
馬
刀・やり

ポルトガルから伝わる。
→キリスト教を広めるため航海

鉄砲

なぜ織田軍が勝った？
鉄砲を使った戦い！
→3000丁

つかむ（10分）
①織田信長の年表から，多くの大名と戦をしていることを読み取らせる。
②長篠の合戦絵巻を提示し，本時の課題を設定する。

調べる（30分）
①長篠の合戦図から，織田軍と武田軍の戦い方を比較し，そのちがいを読み取らせる。
②従来の戦い方ではなく，鉄砲を使った新しい戦い方が勝因となったことに気づかせる。**Point**
③鉄砲がポルトガルから伝わったこと，この時代にポルトガルやスペインがキリスト教を広めるために航海していたことを調べさせる。

まとめる（5分）
①本時のまとめを書く。

本時のポイント…ただ読み取るだけでなく，勝因を考えさせることで他の大名とのちがい＝勢力拡大の理由に気づかせることができます。

2章 授業の流れが一目でわかる！社会科6年板書型指導案

「織田・豊臣の天下統一」3／5時

ねらい 織田信長が行ったことから，信長がなぜ勢力を拡大できたか考え，表現する。

つけたい力と評価

織田信長の行ったことから，信長の勢力拡大の要因を考えている。

──────

思考力・判断力・表現力等

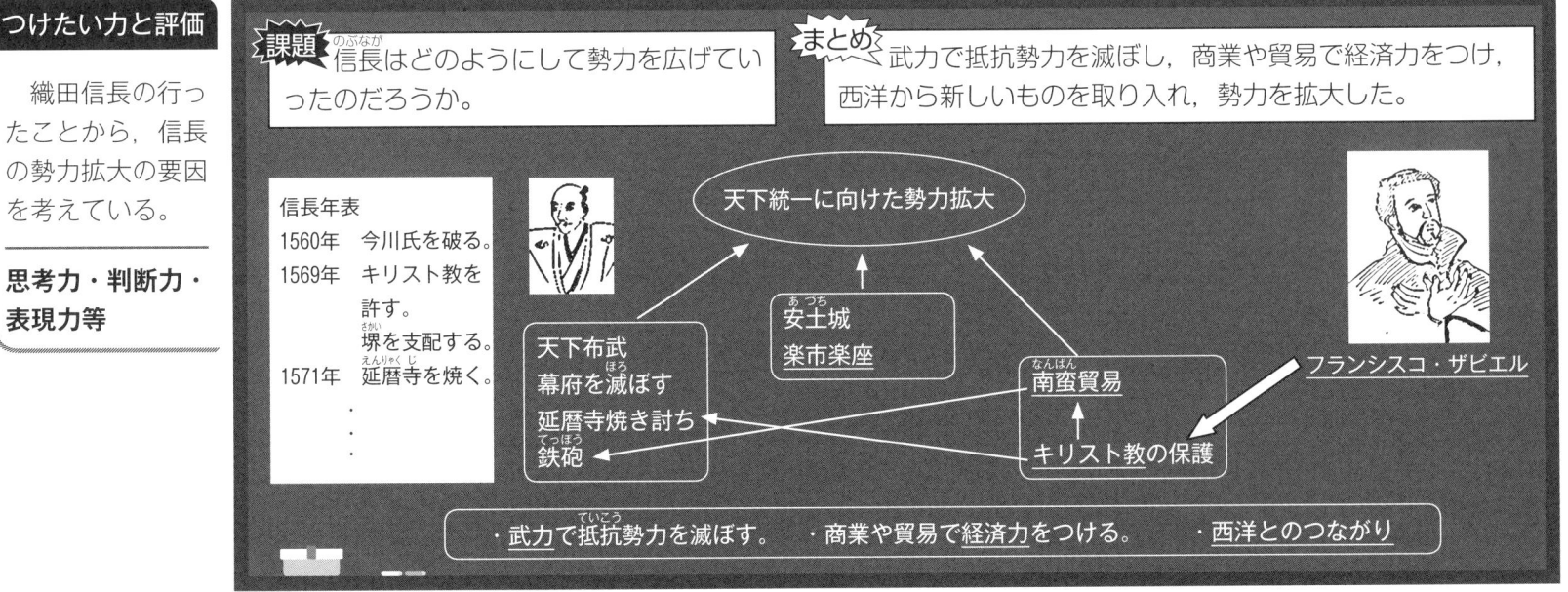

課題 信長はどのようにして勢力を広げていったのだろうか。

まとめ 武力で抵抗勢力を滅ぼし，商業や貿易で経済力をつけ，西洋から新しいものを取り入れ，勢力を拡大した。

信長年表
1560年　今川氏を破る。
1569年　キリスト教を許す。
　　　　堺を支配する。
1571年　延暦寺を焼く。
　　　　・
　　　　・

天下統一に向けた勢力拡大

天下布武
幕府を滅ぼす
延暦寺焼き討ち
鉄砲

安土城
楽市楽座

南蛮貿易

キリスト教の保護

フランシスコ・ザビエル

・武力で抵抗勢力を滅ぼす。　・商業や貿易で経済力をつける。　・西洋とのつながり

つかむ（10分）

①年表から，戦以外に信長が行ったことを書き出させる。
②戦以外の出来事が勢力の拡大とどのような関係があったのか問いかけ，本時の課題を設定する。

調べる（25分）

①楽市楽座や南蛮貿易，キリスト教などについて調べさせる。
②それらが勢力拡大にどのように影響したか考える。その際，関連する項目を矢印でつなぐ。
③武力だけでなく，商業や貿易で経済力をつけたことや，キリスト教や鉄砲など，新しいものを西洋から取り入れたことがわかるようにする。

Point

まとめる（10分）

①本時のまとめを文章で表現させる。
②本能寺の変で，家臣の明智光秀に襲われ自害したことを確認し，その後天下統一がどうなったか考えさせ，次時につなぐ。

Point 本時のポイント…事実を調べるだけでなく，勢力拡大にどのように影響したか考えさせることで，歴史的事象の意味を考え理解することができます。

「織田・豊臣の天下統一」4／5時

ねらい　豊臣秀吉の業績を調べ，武士が支配する世の中のしくみができたことを理解する。

つけたい力と評価

豊臣秀吉の業績を調べ，武士が支配する世の中のしくみができたことを理解する。

知識及び技能

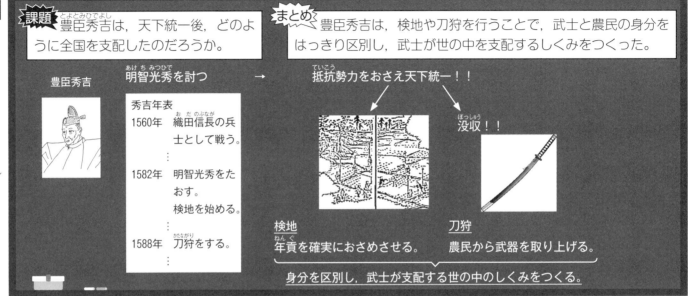

課題　豊臣秀吉は，天下統一後，どのように全国を支配したのだろうか。

まとめ　豊臣秀吉は，検地や刀狩を行うことで，武士と農民の身分をはっきり区別し，武士が世の中を支配するしくみをつくった。

豊臣秀吉

明智光秀を討つ　→　抵抗勢力をおさえ天下統一！！

秀吉年表
- 1560年　織田信長の兵士として戦う。
- 1582年　明智光秀をたおす。検地を始める。
- 1588年　刀狩をする。

没収！！

検地　年貢を確実におさめさせる。
刀狩　農民から武器を取り上げる。

身分を区別し，武士が支配する世の中のしくみをつくる。

つかむ（10分）
①年表から，豊臣秀吉が明智光秀を倒し，その後天下統一を果たしたことを読み取らせる。
②本時の課題を設定する。

調べる（25分）
①検地について調べさせる。
②刀狩について調べさせる。
③それぞれどのような意味があったか考え，話し合わせる。
④身分を区別し，武士が世の中を支配するしくみをつくったことを理解できるようにする。　**Point**

まとめる（10分）
①本時のまとめを文章で表現させる。その際，秀吉の政策によって世の中がどうなったか，自分の言葉で書けるようにする。

Point 本時のポイント…検地や刀狩の内容だけでなく，それによって世の中がどのようになったかを考えさせることで，秀吉の働きについて理解を深めることができます。

「織田・豊臣の天下統一」 5／5時

ねらい 信長・秀吉の天下統一に向けた業績の意味について考え、学習問題の結論を表現する。

つけたい力と評価

信長・秀吉の天下統一に向けた業績の意味について考え、学習問題の結論を表現している。

思考力・判断力・表現力等

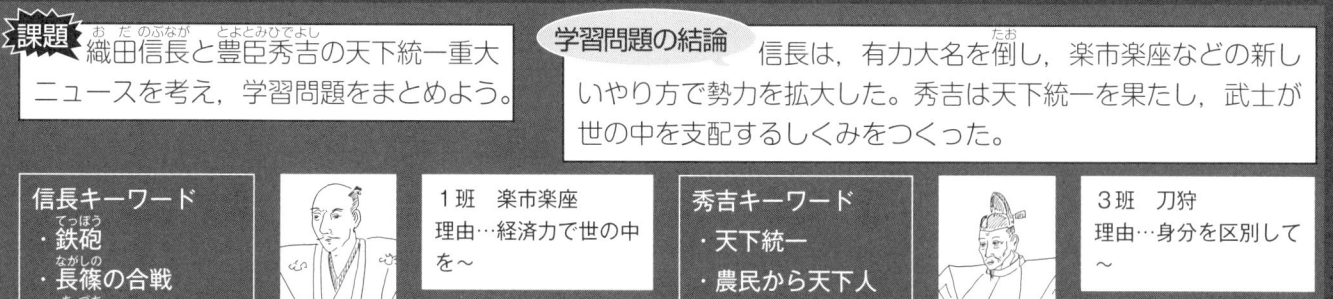

課題 織田信長と豊臣秀吉の天下統一重大ニュースを考え、学習問題をまとめよう。

学習問題の結論 信長は、有力大名を倒し、楽市楽座などの新しいやり方で勢力を拡大した。秀吉は天下統一を果たし、武士が世の中を支配するしくみをつくった。

信長キーワード
・鉄砲（てっぽう）
・長篠の合戦（ながしの）
・安土城（あづち）
・楽市楽座
・キリスト教
・南蛮貿易（なんばん）
・延暦寺焼き討ち（えんりゃくじ）

1班 楽市楽座
理由…経済力で世の中を～

2班 南蛮貿易
理由…西洋の進んだ～

5班 長篠の合戦
理由…鉄砲を使った新しい～

秀吉キーワード
・天下統一
・農民から天下人
・検地（けんち）
・刀狩（かたながり）
・大阪城
・朝鮮出兵（ちょうせん）

3班 刀狩
理由…身分を区別して～

4班 農民から天下人
理由…下剋上の時代に（げこくじょう）～

6班 検地
理由…全国の支配を～

つかむ（10分）

①学習問題を振り返り、本時の課題を設定する。

調べる（25分）

①天下統一に大きな影響があった出来事として、信長・秀吉の重大ニュースをグループで話し合わせる。その際、なぜ重大と考えたか、理由を考えるようにする。

②グループごとにホワイトボードにまとめさせ、発表させる。

まとめる（10分）

①学習問題のまとめを文章で表現させる。

②その後、天下がどうなったか予想させ、次期小単元の見通しをもたせる。

本時のポイント…なぜ重要なのか理由を考えさせることで、歴史的事象の意味や特色について理解を深めることができます。

「江戸幕府の政治」 1／6時

ねらい 徳川家康の働きについて調べ，江戸に幕府を開いたことや，全国の大名を支配したことを理解する。

つけたい力と評価

徳川家康の働きについて調べ，江戸に幕府を開いたことや，全国の大名を支配したことを理解している。

知識及び技能

課題 徳川家康は信長や秀吉と同じような政治をしたのだろうか。

まとめ 家康は関ヶ原の戦いに勝利したあと，関東の江戸に幕府をつくり，天下統一をした。また，息子秀忠とともに，大名の配置換えをした。

織田信長 → 豊臣秀吉 → 徳川家康 → 徳川秀忠・関ヶ原に参戦
殺してしまえ　鳴かせてみよう　鳴くまで待とう⇒73歳で天下統一　2代将軍（息子）・父とともに政治

安土城　　大阪城
楽市楽座　検地・刀狩
⇒新しい政治のやり方
武力と経済力

信長・秀吉と
同じ……○
ちがう…☆
○関ヶ原の戦い
○豊臣家を滅ぼす
○江戸城
☆関東に拠点…近畿地方から離れる！
☆一国一城令…もう戦をさせない！
☆幕府を開く・将軍になる…古い政治？
☆秀忠に将軍職を譲る…生きているうちに後継者決め

他の戦国大名はどうなったの？

大名の配置

親藩…親戚　　｝安心できる
譜代…昔からの家来　江戸に近いところ
外様…関ヶ原のあとから従う
→江戸に遠いところ

つかむ（5分）

① 「ほととぎすの歌」から，信長→秀吉→家康と続いたことを確認する。
② 信長や秀吉が武力と経済力をつけ，新しい政治のやり方で天下統一を進めたことを振り返る。
③ 本時の課題を設定する。

調べる（25分）

①家康の業績を年表から調べ，書き取らせる。
②信長や秀吉と同じやり方に○，ちがうやり方に☆をつけさせる（理由も考える）。
③ 教 他の戦国大名はどうなったのかな？
④息子秀忠とともに行った大名の配置換えを，地図の着色作業で調べさせる。

まとめる（15分）

①大名の配置の意味を考えさせる。
　児 危険な藩を遠くへ置いた。
②なぜ江戸を拠点にしたか考えさせる。
　児 信長・秀吉の影響力がない。
（源氏と平家の事例を振り返るとよい）
③本時のまとめを文章で書かせる。

本時のポイント…着色作業を行うことで，地理的な見方で幕府と大名の関係を読み取ることができます。

2章

授業の流れが一目でわかる！社会科6年板書型指導案

「江戸幕府の政治」 2／6時

ねらい 江戸幕府が他の幕府よりも長く続いたことから学習問題を見出し，意欲的に追究しようとする。

つけたい力と評価

江戸幕府が他の幕府よりも長く続いたことから学習問題を見出し，意欲的に追究しようとしている。

主体的に関わろうとする態度

課題 日光東照宮をつくった3代将軍徳川家光（とくがわいえみつ）について調べ，学習問題をつくろう。

学習問題 家光は，幕府が長い間全国を支配できるように，どのようなことを行ったのだろうか。

徳川家光

・わたしは生まれながらの将軍である。
・君たちは仲間ではなく家来だ。

でも… 約140年
鎌倉（かまくら）幕府

約240年－約100年＝約140年
室町幕府　　　　　　応仁の乱

武家諸法度（しょはっと）で全国支配

＜日光東照宮＞
・世界遺産
・3代将軍家光がつくらせる。
・家康（いえやす）を神としてまつる！
⇒家光の時代に幕府の力が絶対的になる！

大名の配置

・不満？
・反抗（はんこう）？
→戦が起こる？

江戸（えど）幕府　　　約260年

→断トツで長い！！
つまり…約260年以上戦がない時代！

なぜこんなに長く続いた？＝どうやって支配した？

視点 大名や人々の支配・外国との関わり

つかむ（10分）

①修学旅行で見学した日光東照宮を提示し，3代将軍家光が豪華絢爛に造営したこと，家康が神としてまつられていることなどの概要を確認し，家光の時代に幕府の力が絶対的なものになったことに気づかせる。
②本時の課題を設定する。

調べる（20分）

①武家諸法度で全国の大名を支配したことを知る。
②家光のエピソード「生まれながらの将軍」を読む。
③大名の気持ちを予想させる。
　🦁 不満，倒したい，など
④前時の大名の配置図を再び示し，外様大名が遠くにいながらも，力が大きいことに気づかせる。
　🦁 不満がたまると戦になるかも？

まとめる（15分）

①🍎 大名が不満をもったらどんなことが起こる？
　🦁 また戦が始まる，幕府が続かない　など
②鎌倉，室町，江戸の年数を棒グラフで確認し，江戸幕府が長く続いた＝戦国時代に戻らなかったことを捉え，学習問題をつくる。
③信長・秀吉の学習を振り返り，調べる視点を確認する。

Point

本時のポイント…今まで学習した幕府の年月を，棒グラフで表して比較することで，江戸幕府がいかに長く続いたか視覚化することができます。

⑨ 江戸幕府の政治

「江戸幕府の政治」 3／6時

ねらい 参勤交代について調べ，家光が大名の経済力をおさえ，支配したことを理解する。

つけたい力と評価

参勤交代について調べ，家光が大名の経済力をおさえ，支配したことを理解している。

知識及び技能

課題 幕府はどのようにして大名を支配したのだろうか。

まとめ 幕府は参勤交代などの決まりをつくり，大名の力をおさえ，抵抗できなくすることで全国の大名を支配した。

- 武家諸法度の決まりで全国の大名に命令
  - 例）江戸の土木工事をさせる。
  - 例）江戸城を修理させる。
- 参勤交代
  大名が江戸と藩を一年交代で行き来する。

大名の支配にどんな効果があるの？

- 江戸と藩の行き来にばく大な予算（加賀藩の例）
- 2000人が参加　・約13日の旅
- 式　1泊3000万円×13日＝約3億円
  ＋1年間の生活費＋家来の給料などなど

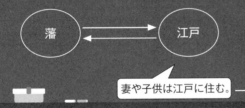

- 長い行列　・大勢の家来？
- たくさんの荷物

つまり…お金がかかる‼→武器や城が作れない

妻や子供は江戸に住む。

逆らえない！力をつけられない！

つかむ（10分）

①前時を振り返り，本時の課題を設定する。
②武家諸法度の決まりの一部を紹介し，参勤交代のしくみの概要を教科書で調べる。

調べる（20分）

①参勤交代の図から，気づいたことを発表させる。
②教 なぜ参勤交代が大名の支配につながるのかな？
　児 お金がかかるのかな？
③加賀藩の事例をもとに，どれだけ費用がかかるか計算してみる。 **Point**

まとめる（15分）

①参勤交代の効果について話し合わせる。
　児 費用がかかると，経済力がつかない。
　児 経済力がつかないと，武力がつかない。
　児 つまり，大名の力がつかない。（第二の信長や秀吉が生まれない！！）
※しかも，妻子は人質（ただし，大名の家族なので優雅なくらしをしていた）
②話し合った内容を発表させ，板書に整理する。
③本時のまとめを文章で書かせる。

本時のポイント…信長・秀吉の学習を想起させることで，大名が経済力をつけることが幕府にとって脅威になることを理解できるようにします。

「江戸幕府の政治」 4／6時

ねらい 身分制度によって，幕府が人々を支配したことを理解する。

つけたい力と評価

身分制度によって，幕府が人々を支配したことを理解している。

知識及び技能

課題 幕府はどのようにして人々を支配したのだろうか。

まとめ 幕府は身分制度を決め，人々の住む場所を決めたり，農民に重い年貢を納めさせたりするなどして，人々を支配した。

＜江戸時代の身分制度＞

○武士…大名や役人　政治を行う。

○町人→商人　城下町に集められる。
　　　→職人

○その他…僧侶，神官，絵師など

住む場所を決められる。
城下町や寺社町が栄える。

○百姓…地方で農業　幕府に年貢を納める。

江戸時代の身分の割合

町人 6％
武士 7％
百姓 84％

農民が全体の8割以上！！

↓

幕府にとって一揆を起こされたら脅威！！

↓

・重い年貢
・厳しい決まり

いわれのない差別をされた人々も……
・村の祭りに参加できない。　・住む場所の制限
→厳しい差別の中，土木業や芸能などで社会を支えた。

つかむ（10分）

①前時を振り返り，本時の課題を設定する。
②教科書や資料集から，様々な身分の人々がいたことを確認する。

調べる（20分）

①教科書や資料集から，それぞれの身分の人々が，どのようにくらしていたか調べる。

Point ②江戸時代の身分の割合の図から，農民が8割以上だったことを読み取り，幕府にとって農民の反乱が脅威であったことに気づかせる。

③慶安の御触書から，幕府が農民に対して決めた決まりについて調べさせる。

まとめる（15分）

①教科書や資料集から，農民や町民の他に，いわれのない差別で苦しんだ人々がいることを知り，厳しい差別を受けながらも，社会を支えたことについて知る。
②本時のまとめを文章で書く。

Point 本時のポイント…支配層よりも被支配層の方が多いことを視覚的に実感させることで，幕府が農民に厳しい政策をとった理由を理解できるようにします。

「江戸幕府の政治」 5／6時

ねらい　幕府のキリスト教徒や貿易への政策について調べ，キリスト教を禁止したことや，鎖国をしたことを理解する。

つけたい力と評価

幕府のキリスト教徒や貿易への政策について調べ，キリスト教を禁止したことや，鎖国をしたことを理解している。

知識及び技能

課題　幕府はなぜキリスト教を禁止したのだろうか。また外国との関わりはどうなったのだろうか。

まとめ　幕府はキリスト教徒の反乱を恐れ，キリスト教を禁止し，鎖国を行った。また，鎖国をすることで，貿易の利益を独占した。

＜長崎のキリスト教遺産が世界遺産に！＞

☆幕府に禁止されながら信仰を守った。
→なぜ禁止した？
→貿易はどうなった？

＜天草島原の乱＞
キリスト教を信仰した農民の大規模な反乱
→幕府が武力で鎮圧

＜人々に対して＞
・キリスト教の禁止
・絵踏みによる厳しい取り締まり
・日本人の海外渡航や帰国を禁止

＜外国に対して＞
・キリスト教を布教する国と貿易をしない。
　→オランダや中国とは貿易
　→長崎の出島（幕府領のみ）

幕府が貿易の利益を独占

つかむ（10分）

①長崎のキリスト教遺産群が世界遺産に登録されたことや，その理由を紹介する。
②キリスト教が幕府によって禁止されたことから，なぜ禁止したのか，キリスト教の布教とセットであった貿易（信長の学習を想起）はどうなったのか問いをもたせ，本時の課題を設定する。

調べる（25分）

①教科書や資料集から，天草島原の乱について調べさせ，幕府にとってキリスト教徒の反乱が脅威になったことを捉えられるようにする。
②キリスト教徒に対する取り締まりについて調べさせる。
③外国との貿易について調べさせる。

Point

まとめる（10分）

①貿易を一部の国と出島に制限した結果，幕府が貿易の利益を独占できたことも捉える。
②本時のまとめを文章で書く。

本時のポイント…近年，日本の文化遺産が次々に世界遺産に登録されています。授業の導入で，興味関心を高める材料として効果的です。

2章

授業の流れが一目でわかる！社会科6年板書型指導案

「江戸幕府の政治」 6／6時

ねらい 幕府の支配体制について整理し，江戸幕府が約260年以上もの間続いた理由を考え，表現する。

つけたい力と評価

　幕府の支配体制について整理し，江戸幕府が約260年以上もの間続いた理由を考え，表現している。

思考力・判断力・表現力等

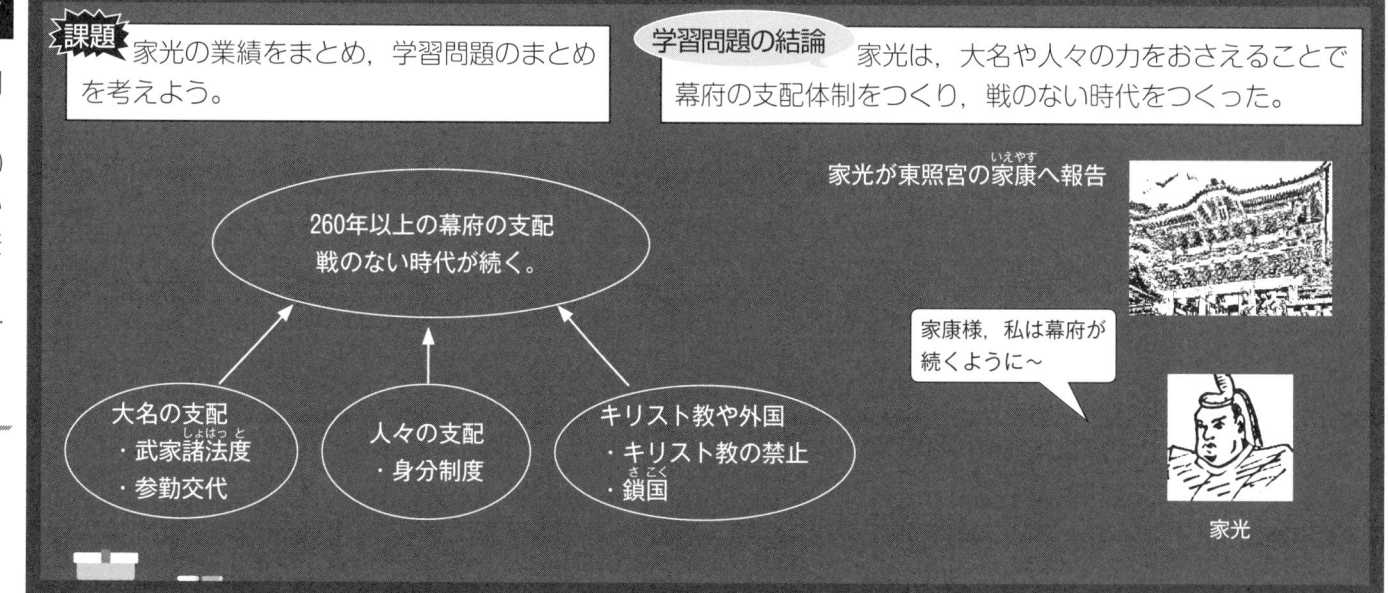

課題 家光の業績をまとめ，学習問題のまとめを考えよう。

学習問題の結論 家光は，大名や人々の力をおさえることで幕府の支配体制をつくり，戦のない時代をつくった。

家光が東照宮の家康(いえやす)へ報告

260年以上の幕府の支配
戦のない時代が続く。

大名の支配
・武家諸法度(しょはっと)
・参勤交代

人々の支配
・身分制度

キリスト教や外国
・キリスト教の禁止
・鎖国(さ ごく)

家康様，私は幕府が続くように〜

家光

つかむ（10分）

①学習問題を振り返り，本時の課題を設定する。

調べる（20分）

①これまでの学習を振り返り，家光が行った政策をクラゲチャートに整理させる。
②日光に参拝した家光になったつもりで，家康への報告文を考えさせる。

まとめる（15分）

①学習問題をまとめる。
②家光の政策によって，戦のない時代が続いたことに対して思ったことを書く。
　🔷 戦国時代に戻さなかったのはすごいこと。
　🔷 平和は大切だけど，身分制度やキリスト教を禁止したのは今の時代ではよくないと思う。 **Point**
　🔷 戦のない時代をつくるのはそれだけ大変だと思った。

Point 本時のポイント…家光の業績について戦国の世に戻さなかったとして評価する視点や，現在の人権感覚で批判的に見る視点，どちらも大切にします。

76

2章 「江戸の町人文化」 1／6時

ねらい　絵巻を資料にして，江戸時代の人々の様子を話し合い，学習問題をつくる。

つけたい力と評価

絵巻からわかる江戸時代の様子から，どのような文化が流行ったのかを話し合い，学習問題をつくろうとしている。

主体的に関わろうとする態度

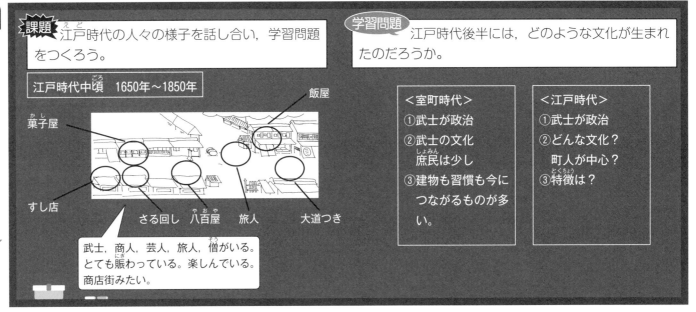

課題 江戸時代の人々の様子を話し合い，学習問題をつくろう。

学習問題 江戸時代後半には，どのような文化が生まれたのだろうか。

江戸時代中頃　1650年〜1850年

菓子屋／すし店／さる回し／八百屋／旅人／飯屋／大道つき

武士，商人，芸人，旅人，僧がいる。とても賑わっている。楽しんでいる。商店街みたい。

＜室町時代＞
①武士が政治
②武士の文化　庶民は少し
③建物も習慣も今につながるものが多い。

＜江戸時代＞
①武士が政治
②どんな文化？　町人が中心？
③特徴は？

つかむ（10分）

①学習する年号と時代，これまでの流れを確認する。＊前単元とつながりが深いため，身分や幕府のしくみなどを振り返る。（前単元は幕府視点，本単元は町人の視点）
②き代勝覧絵巻を提示し，何をしているのか予想させる。
③本時の学習課題を提示する。

調べる（25分）

①教科書で絵巻の答えを調べ，身分が様々であることに気づかせる。
②これまでの文化（国風文化，室町文化）と比較して，江戸の文化はどのような文化と言えそうか予想を考えさせる。
③予想を交流させ，学習問題をつくる。**Point**

まとめる（10分）

①これまでの文化の学習をもとにして予想を出し合い，学習計画をつくる。
②学習の振り返りを書かせる。
　＊本時の振り返りだけでなく，予想とそう考えた理由を書くようにする。

本時のポイント…絵巻から町人や芸人などが多くいることに気づかせます。他の文化と比較してちがいを見つけ，学習問題を立てることができます。

「江戸の町人文化」 2／6時

ねらい 江戸時代の人々のくらしを調べ，豊かになっていったことを理解する。

つけたい力と評価

安定した世の中になり，工夫や努力を重ねて，よりよい生活をしていったことを理解している。

知識及び技能

課題 江戸時代の百姓や町人はどのような生活をしていたのだろうか。

まとめ 百姓は，道具を工夫して生産を高めた。町人は醤油や酒をつくり，生活がよりよくなった。

百姓　→　町人

産業　交通

＜耕地面積が増加＞
道具の発達
土地を開発
→生産アップ！
→収入がアップ！

＜寺小屋＞
武士だけでなく，
町人や百姓も学問
を学べる。
読み・書き・そろばん

＜酒づくり，醤油づくり＞
地域の特産品へ
→今にもつながる。
経済力がアップ！
大名よりお金持ちも現れる。

＜交通路の発達＞
5街道
旅，荷物の流通
門前町，宿場町ができる。

つかむ（10分）

①前時の絵巻から江戸時代の文化は町人が中心と予想したことを確認する。
②町人が文化を楽しめた理由を予想し，疑問をもたせる。**教** 文化の中心の人たちって，これまではどんな人だったかな。どうして町人が文化を楽しめたのだろう。
③本時の学習課題を提示する。

調べる（25分）

①耕地面積の増加から，百姓は農具の工夫や新田開発をしていることを理解させる。
②町人が酒などの特産品をつくり始めたことを理解させる。
③学問を学べるようになったことを理解させる。
④五街道を着色し，道が整備されたことで流通が発展したことを理解させる。

まとめる（10分）

①百姓や町人の産業が変化し，交通が整ったことで，配達や人の行き来をすることができたことをつなげて理解させる。
②本時のまとめを書かせる。
③まとめを読み合い，学習を振り返らせる。

Point

本時のポイント…産業，交通の発達により，町人たちが力をつけていったことはこれから理解する文化の背景になります。

「江戸の町人文化」 3／6時

ねらい　町人が中心になって歌舞伎や浮世絵などの文化が流行したことを調べ，理解する。

つけたい力と評価

江戸時代の町人の間で，歌舞伎や浮世絵が親しまれていたことを理解している。

知識及び技能

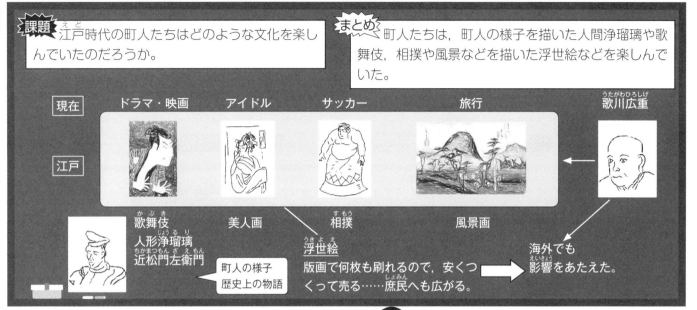

課題　江戸時代の町人たちはどのような文化を楽しんでいたのだろうか。

まとめ　町人たちは，町人の様子を描いた人間浄瑠璃や歌舞伎，相撲や風景などを描いた浮世絵などを楽しんでいた。

現在	ドラマ・映画	アイドル	サッカー	旅行	歌川広重（うたがわひろしげ）
江戸	歌舞伎（かぶき）／人形浄瑠璃（じょうるり）／近松門左衛門（ちかまつもんざえもん）	美人画	相撲（すもう）	風景画	

町人の様子／歴史上の物語

浮世絵（うきよえ）　版画で何枚も刷れるので，安くつくって売る……庶民（しょみん）へも広がる。　→　海外でも影響（えいきょう）をあたえた。

つかむ（10分）

①現在の世の中で流行しているものを出し合い，流行している芸能人などがポスター，本などにもなっていることを理解させる。＊できれば現物のポスター等を用意したい。
②本時の学習課題を提示する。

調べる（25分） **Point**

①4枚の浮世絵は何が描かれているか調べ，現在と流行が似ていることを考えさせる。
②近松門左衛門について映像資料などで調べさせる。
③歌川広重が風景を描いたことを理解させる。
④浮世絵について調べさせる。
　＊墨絵との比較

まとめる（10分）

①本時のまとめを書かせる。
②まとめを読み合い，振り返りを書かせる。
③浮世絵が茶碗などを包んで海外へ広まったことなどから，外国にも影響を与えたことを理解させる。

Point 本時のポイント…流行のポスター等が売られるように，江戸時代は浮世絵が売られていたこと，それらは町人にも広まったことを理解します。

2章

授業の流れが一目でわかる！社会科6年板書型指導案

「江戸の町人文化」 4／6時

ねらい 蘭学が広がったことにより社会に与えた影響を調べ，理解する。

つけたい力と評価

蘭学が日本へ入ってきたことにより，人々の考えが広がり，世界へ広げていこうとする人々が出てきたことを理解している。

知識及び技能

課題 江戸時代の学問は，社会にどのような影響をあたえたのだろうか。①

まとめ 蘭学が国内に広がり，西洋の進んだ学問に影響を受けて，日本を変えようとする人々が現れた。

＜日本＞　＜欧米＞

オランダから出島に西洋の書物が届くようになる。

＜蘭学前＞　＜蘭学後＞

蘭学が広がる。

正確さが全然ちがう。
杉田玄白，前野良沢
オランダ語の人体解剖書
翻訳→「解体新書」
3年半かけて出版

このままではいけない！　世界に目を向けるべき！　日本を変えよう！

江戸時代の人々

伊能忠敬　天文学　測量
幕府の援助で全国を測量
17年
大日本沿海輿地全図

つかむ（10分）

①前時までの学習を振り返り，寺小屋で町人や百姓も学問を学んでいたことを振り返る。
②当時の日本の学問の状況を解剖図や日本地図から読み取らせる。
③本時の学習課題を提示する。

調べる（25分）

①オランダから入ってきた解剖図を提示し，学問の進歩，ちがいを読み取らせる。
②地図のちがいを読み取り，伊能忠敬，前野良沢の功績について調べ，ノートにまとめさせる。
③これらの功績の結果，日本の人々はどのように感じたか，吹き出しに書き，交流させる。 **Point**

まとめる（10分）

①本時のまとめを書かせる。
②まとめを読み合い，振り返りを書かせる。

Point 本時のポイント…蘭学の広がりから，日本が欧米から劣っていることに気づき，世界を変えようとする動きが広まったことを理解します。

2章 授業の流れが一目でわかる！社会科6年板書型指導案

「江戸の町人文化」 5／6時

ねらい 国学が広がったことにより社会に与えた影響を調べ，理解する。

つけたい力と評価

国学が広がったことにより，日本を天皇中心の世の中に変えようとする声が大きくなり，だんだんと江戸幕府が衰えていったことを理解している。

知識及び技能

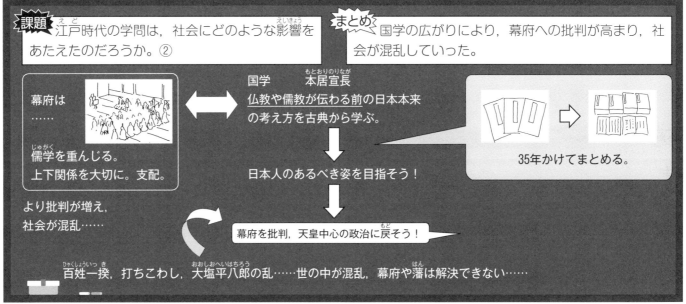

課題 江戸時代の学問は，社会にどのような影響をあたえたのだろうか。②

まとめ 国学の広がりにより，幕府への批判が高まり，社会が混乱していった。

幕府は……
儒学を重んじる。
上下関係を大切に。支配。

国学　本居宣長
仏教や儒教が伝わる前の日本本来の考え方を古典から学ぶ。

35年かけてまとめる。

日本人のあるべき姿を目指そう！

幕府を批判，天皇中心の政治に戻そう！

より批判が増え，社会が混乱……

百姓一揆，打ちこわし，大塩平八郎の乱……世の中が混乱，幕府や藩は解決できない……

つかむ（10分）
①本時の学習課題を提示する。
②幕府が重んじていた儒学について調べ，ちがいを理解させる。

調べる（25分）
①国学について教科書で調べ，ノートにまとめさせる。
②国学が広がったことにより，どのような意見が人々から出てきたのかを考え，発表させる。
③当時の状況を調べ，世の中が混乱していったことを理解させる。 **Point**

まとめる（10分）
①本時のまとめを書かせる。
②まとめを読み合い，振り返りを書かせる。

本時のポイント…打ちこわしなどの増加と国学の広がりを関連させて提示し，次の単元で世の中がガラリと変わっていくことへつなげます。

2章

授業の流れが一目でわかる－社会科6年板書型指導案

「江戸の町人文化」 6／6時

ねらい 調べたことを整理して，学習問題の結論を表現する。

つけたい力と評価

江戸の町人文化について整理して，学習問題の結論を表現している。

思考力・判断力・表現力等

課題 調べたことを整理して，学習問題に答えよう。

学習問題の結論 江戸時代は，政治が安定していて……。また学問がはやり，〜。

学習問題 江戸（えど）時代は，どのような文化が生まれたのだろうか。

＜背景＞
・百姓（ひゃくしょう）の生産量アップ
・土地の開拓（かいたく）
・町人が工場をもつ。
・特産品
・産業の発展
・交通の発展
・平和

＜文化＞
・人形浄瑠璃（じょうるり）
・歌舞伎（かぶき）
・浮世絵（うきよえ）
・花火
・観光

＜学問＞
・蘭学（らんがく）
・国学
・寺子屋

＜世の中は＞
・不安が広がる。
・一揆（いっき）や打ちこわしが増える。
・幕府（ばく）や藩（はん）が衰（おとろ）える。
・考え方の変化

つかむ（5分）

①本時の学習課題を書く。
②学習問題を板書する。
③学習してきたことから，観点を4つ示す。

調べる（20分）

①これまでのノートを振り返らせながら，どのような様子だったか板書上で整理する。 **Point**
②板書上のキーワードをつながりのあるものを線で結び，気づいたことを話し合わせる。

まとめる（20分）

①何についてまとめたらよいかグループで話し合い，学習問題の結論を書かせる。
②学習問題の結論を読み合わせる。
③結論に対しての自分の考えを振り返らせる。

Point 本時のポイント…黒板前に集まって話し合い，4つの観点に分けて考えることで整理することができます。

⑩江戸の町人文化

2章 授業の流れが一目でわかる！社会科6年板書型指導案

「明治維新と近代化」 1／8時

ねらい 大政奉還の図と大日本帝国憲法発布の図のちがいから，学習問題を見出す。

つけたい力と評価

大政奉還の図と大日本帝国憲法発布の図のちがいから，学習問題を見出し意欲的に追究しようとしている。

主体的に関わろうとする態度

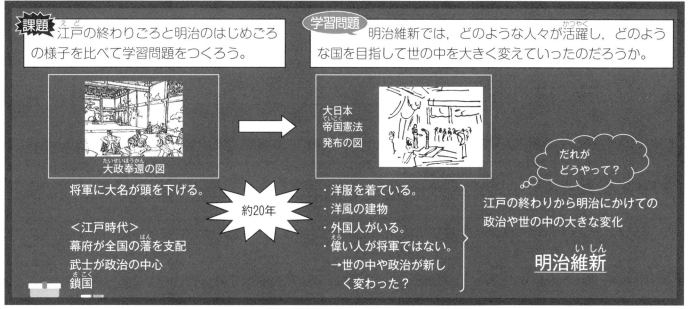

つかむ（10分）

①年表から江戸時代が終わったことを確認する。
②江戸幕府が終わった日の様子として，大政奉還の図を見せ，どんな様子か読み取らせる。
③江戸時代がどのような時代であったか振り返る。
④年表から，明治時代が始まったことを確認し，本時の課題を設定する。

調べる（25分）

①明治時代の大日本帝国憲法発布式の図を提示し，江戸時代の様子と比較させる。
②服装や建物の内装の様子などから，西洋化が進んでいることに気づかせる。
③中心人物が将軍ではなくなっていることや，外国人がいることから，政治のしくみが変わったのではないかと予想させる。 **Point**

まとめる（10分）

①このような江戸から明治にかけての，文化や政治などの世の中の大きな変化を「明治維新」と言うことをおさえる。
②およそ20年で変化したことを伝え，学習問題を設定する。

本時のポイント…2枚の絵を比較させることで，文化や政治に大きな変化が起こったことに気づかせます。

2章
授業の流れが一目でわかる！社会科6年板書型指導案

「明治維新と近代化」 2／8時

ねらい 黒船来航について調べ，日本が開国したことや，不平等条約によって世の中が混乱したことを理解する。

つけたい力と評価

黒船来航について調べ，日本が開国したことや，不平等条約によって世の中が混乱したことを理解している。

知識及び技能

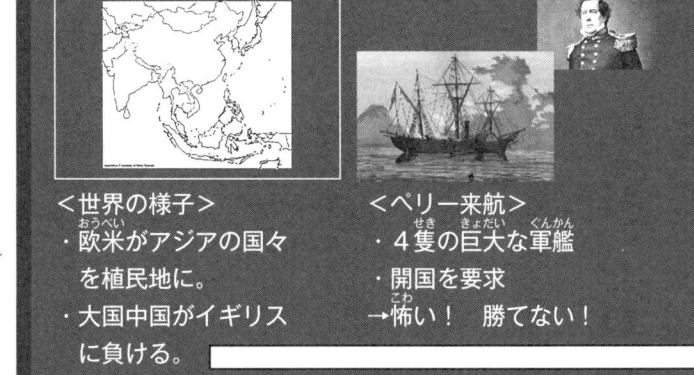

課題 ペリーの来航は，世の中の変化にどのような影響をあたえたのだろうか。

まとめ 日米修好通商条約により，日本の社会が乱れ，日本を強い国にしようとする動きが強まった。

当時の世界地図

ペリー来航　幕府が動揺
↓
日米和親条約＝開国
↓
日米修好通商条約
↓
五か国と平等条約

①幕府に対して……
・不満
・信頼できない。

②不平等な条約

③物価の上昇

＜世界の様子＞
・欧米がアジアの国々を植民地に。
・大国中国がイギリスに負ける。

＜ペリー来航＞
・4隻の巨大な軍艦
・開国を要求
→怖い！　勝てない！

このままでは植民地に？
外国を追い払おう！

人々

つかむ（10分）

①ペリー来航の図や，肖像画から，当時の人の黒船に対する驚きを想像させる。
②当時の世界地図から，ペリーの航海ルートや，日本が鎖国中にアジアの国々が欧米の植民地にされていることを読み取らせる。
③本時の課題を設定する。

調べる（25分）

①教科書や資料集から，ペリーが日本に来た目的を調べさせる。
②年表や教科書から，ペリー来航後，日本が開国したことや，不平等条約を結んだこと，不平等条約の内容などを調べさせる。
③不平等条約を結んだ結果，物価の上昇により，世の中が混乱したことを調べさせる。

Point

まとめる（10分）

①ペリー来航による世の中の混乱で，人々はどのような考えをもったか考えさせる。
②本時のまとめを書く。

⑪明治維新と近代化

Point 本時のポイント…本小単元で不平等条約によって，日本が大きな不利益を被ったことをおさえることが，次の小単元の学習を行う上でも重要です。

「明治維新と近代化」 3／8時

ねらい：幕末の下級武士の行動や幕末の動乱の様子から，幕府を倒し，新しい政府をつくったことを理解する。

つけたい力と評価

幕末の下級武士の行動や幕末の動乱の様子から，幕府を倒し，新しい政府をつくったことを理解している。

知識及び技能

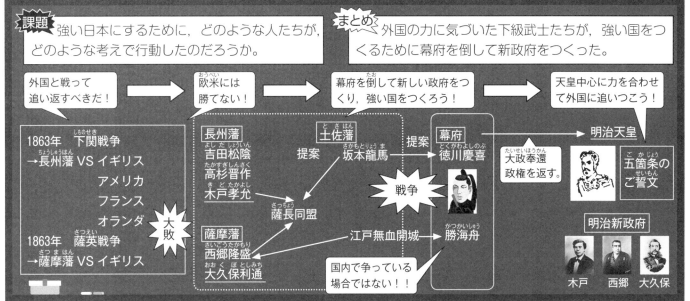

課題：強い日本にするために，どのような人たちが，どのような考えで行動したのだろうか。

まとめ：外国の力に気づいた下級武士たちが，強い国をつくるために幕府を倒して新政府をつくった。

外国と戦って追い返すべきだ！ → 欧米には勝てない！ → 幕府を倒して新しい政府をつくり，強い国をつくろう！ → 天皇中心に力を合わせて外国に追いつこう！

1863年　下関戦争
→長州藩 VS イギリス
　　　　　アメリカ
　　　　　フランス
　　　　　オランダ
1863年　薩英戦争
→薩摩藩 VS イギリス

大敗

長州藩
吉田松陰
高杉晋作
木戸孝允

薩摩藩
西郷隆盛
大久保利通

土佐藩
坂本龍馬　提案

薩長同盟

戦争

幕府
徳川慶喜
大政奉還　政権を返す。

江戸無血開城 → 勝海舟

国内で争っている場合ではない！！

明治天皇
五箇条のご誓文

明治新政府
木戸　西郷　大久保

つかむ（10分）

①下関戦争や薩英戦争について調べ，日本が欧米に大敗したことを知る。
②本時の課題を設定する。

調べる（25分）

①幕末の人物関係図を示し，長州藩や薩摩藩出身の下級武士をはじめとする人々の活躍を調べ，どのような思いで行動したか考えさせる。
※児童に調べ学習をさせて発表させたりするのもよい。
②倒幕運動の中心となった人物が，明治政府をつくったことを調べさせる。

Point

まとめる（10分）

①五箇条のご誓文を示し，明治天皇を中心に欧米に負けない新しい国づくりを目指したことを読み取らせる。
②本時のまとめを書く。

本時のポイント…人物がどのような思いで行動したかを考えさせることで，どのような国を目指したかを考えることができるようにします。

「明治維新と近代化」 4／8時

2章 授業の流れが一目でわかる！社会科6年板書型指導案

ねらい 明治政府の諸改革を関連づけて調べ，富国強兵を進めたことを理解する。

つけたい力と評価

明治政府の諸改革を関連づけて調べ，富国強兵を進めたことを理解している。

知識及び技能

課題 明治政府はどのような改革を行い，どのような国を目指したのだろうか。

まとめ 明治政府は，廃藩置県や地租改正，殖産興業や徴兵制などの富国強兵の改革を行い，外国に負けない豊かで強い国を目指した。

予想

強い国＝アメリカやヨーロッパへ，大久保利通ら使節団が学びに行く。

改革案
・欧米の進んだ技術を取り入れる。
・強い軍隊をつくる。

廃藩置県
全国に改革が
行きわたるように

地租改正
地価の3％
収入を確かに

殖産興業
外国にも負けない産業
→豊かな国

徴兵制
外国に負けない軍隊
→強い国

富国強兵……欧米に負けない豊かで強い国

つかむ（10分）

①明治政府が，国内の改革に向け，西洋の進んだ制度を学ぶために岩倉使節団が欧米を視察しに行ったことを知る。

②本時の課題を設定する。

③欧米視察後，明治政府がどのような国の改革案を考えたか，これまでの歴史学習をもとに予想させる。

調べる（25分）

①廃藩置県，地租改正，殖産興業，徴兵制の4つの改革について，ジグソー学習を行う。

②4つの改革の意味や特色を考えることで，欧米に負けない強くて豊かな国を目指したこと，つまり富国強兵を進めたことを理解する。

Point

まとめる（10分）

①本時のまとめを文章で書かせる。

②それぞれの改革について，国民の立場から考えると，負担も大きかったことを簡単におさえておく。

Point 本時のポイント…改革によって，どのような国づくりを目指したかを考えることで，明治政府の政策の意味や特色を理解できます。

⑪ 明治維新と近代化

「明治維新と近代化」 5／8時

ねらい 明治になって起こった生活や文化，思想の変化を調べ，文明開化が起こったことを理解する。

つけたい力と評価

明治になって起こった生活や文化，思想の変化を調べ，文明開化が起こったことを理解している。

知識及び技能

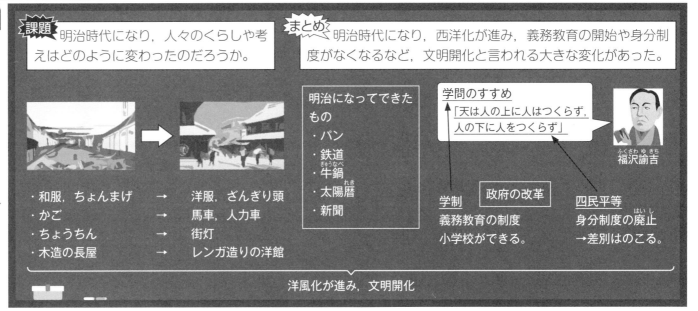

【課題】明治時代になり，人々のくらしや考えはどのように変わったのだろうか。

【まとめ】明治時代になり，西洋化が進み，義務教育の開始や身分制度がなくなるなど，文明開化と言われる大きな変化があった。

明治になってできたもの
・パン
・鉄道
・牛鍋（ぎゅうなべ）
・太陽暦（れき）
・新聞

学問のすすめ
「天は人の上に人はつくらず，人の下に人をつくらず」
福沢諭吉（ふくざわ ゆきち）

・和服，ちょんまげ → 洋服，ざんぎり頭
・かご → 馬車，人力車
・ちょうちん → 街灯
・木造の長屋 → レンガ造りの洋館

政府の改革

学制
義務教育の制度
小学校ができる。

四民平等（へいし）
身分制度の廃止
→差別はのこる。

洋風化が進み，文明開化

つかむ（10分）

①江戸時代と明治時代の日本橋の様子を示し，人々の生活が大きく変わったことを想像させる。
②福沢諭吉の「学問のすすめ」がベストセラーになったことから，人々の考えも大きく変わったのではないかと予想させる。
③本時の課題を設定する。

調べる（25分）

①江戸時代と明治時代の日本橋の様子を比較して変化を読み取る。
②教科書や資料集から，明治になってできたものを調べさせる。　**Point**
③学制や四民平等について調べさせる。
④このような文化や考え方の大きな変化を「文明開化」と言うことをおさえる。

まとめる（10分）

①本時のまとめを書かせる。
②身分制度はなくなったが，江戸時代にいわれのない差別をされてきた人々に対しての差別は改善されなかったことに触れる。

本時のポイント…「あんぱん」の誕生などのエピソードを紹介することで，当時の人々のくらしについて興味関心を高めることができます。

「明治維新と近代化」 6／8時

ねらい 自由民権運動について調べ，政府に不満をもった人々の行動が武力から言論へ変わったことを理解する。

つけたい力と評価

自由民権運動について調べ，政府に不満をもった人々の行動が武力から言論へ変わったことを理解している。

知識及び技能

課題 政府の改革に対して不満をもった人々は，どのような行動をしたのだろうか。

まとめ 人々は武力で政府と戦ったが勝てず，その後，言論で政治参加を求める運動が起こり，自由民権運動として全国に広がった。

九州を中心に反乱！

九州各地で反乱

武力 → 言論

武力では勝てない！

・国民の意見を聞いてほしい！
・政治に参加したい！

多くの人が参加
→全国へ広まる！

国民 不満
国民△税の負担
士族△仕事がない。

西南戦争
×西郷軍（士族）
VS

自由民権運動
板垣退助（いたがきたいすけ）…政党をつくる。
国会開設を要求

政府 改革
◎政府軍（徴兵）（ちょうへい）

伊藤博文（いとうひろぶみ）…10年後に国会を開くことを約束

無視できなくなる。

つかむ（10分）

①各地で反乱が起こっていることから，人々が明治政府の改革に不満をもっていたことを捉えさせる。
②本時の課題を設定する。

調べる（25分）

①国民と政府の２つの視点で調べる。その際，ノートと板書も２分割して整理することで，視覚的にわかりやすくする。 **Point**
②西南戦争で政府の軍隊に大敗したことから，武力ではなく言論で主張する自由民権運動に変わったことを捉えさせる。
③国会開設に向けた政府や国民の行動を調べさせる。

まとめる（10分）

①本時のまとめを文章で書く。
②国会開設は実現したのか予想させ，次時の見通しをもたせる。

本時のポイント…視点を２つに分ける際は，ノートや板書も同じようにすることで整理できます。

「明治維新と近代化」 7／8時

ねらい 大日本帝国憲法や国会開設について調べ、日本が近代的な政治のしくみを整えたことを理解する。

つけたい力と評価

大日本帝国憲法や国会開設について調べ、日本が近代的な政治のしくみを整えたことを理解している。

知識及び技能

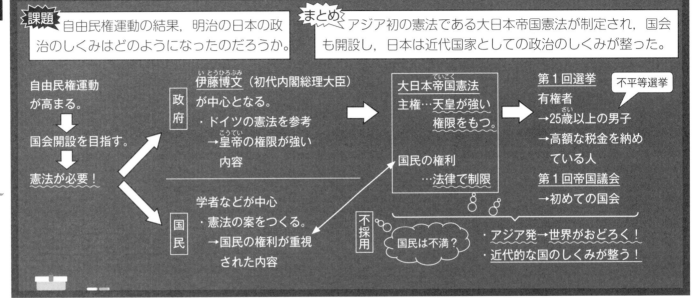

つかむ（10分）

①自由民権運動や、その影響で、国会開設に向けて政府や国民が動き出したことを振り返る。
②政治単元の学習を振り返り、国会を運営するには憲法や選挙など、政治のしくみを整えることが必要であることに気づかせ、本時の課題を設定する。

調べる（25分）

①新しく憲法がつくられる過程について、政府と国民の2つの視点で調べ、整理する。**Point**
②大日本帝国憲法の特徴について調べる。
③第1回選挙について調べさせる。
④政治の学習を振り返り、日本国憲法や現在の選挙制度と比較し、国民にとっては不満があったことに気づかせる。

まとめる（10分）

①国民に不満があった一方、大日本帝国憲法がアジア初の憲法であったことや、明治維新開始からわずか約20年で国の政治のしくみが整ったことに、世界が驚いたことに触れ、その価値に気づかせる。
②憲法制定により、近代的な政治のしくみが整ったことを理解し、本時のまとめを書く。

本時のポイント…政府と国民2つの視点で調べることで、同じ歴史事象でも、立場によって行動や考えに相違点があることに気づくことができます。

2章
授業の流れが一目でわかる！社会科6年板書型指導案

「明治維新と近代化」 8／8時

ねらい 幕末から明治にかけての人々の行動や出来事を関連づけて考え，学習問題の結論を表現する。

つけたい力と評価

幕末から明治にかけての人々の行動や出来事を関連づけて考え，学習問題の結論を表現している。

思考力・判断力・表現力等

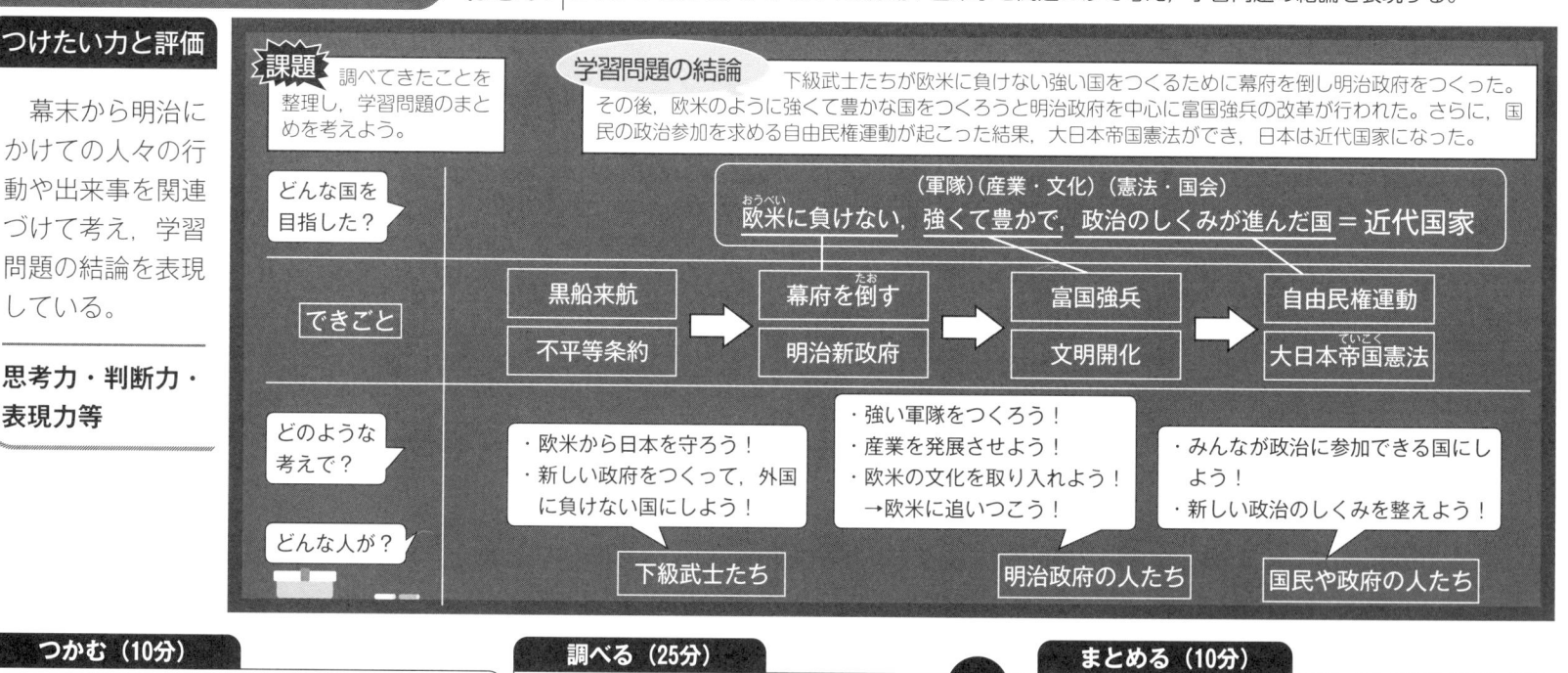

課題 調べてきたことを整理し，学習問題のまとめを考えよう。

学習問題の結論 下級武士たちが欧米に負けない強い国をつくるために幕府を倒し明治政府をつくった。その後，欧米のように強くて豊かな国をつくろうと明治政府を中心に富国強兵の改革が行われた。さらに，国民の政治参加を求める自由民権運動が起こった結果，大日本帝国憲法ができ，日本は近代国家になった。

どんな国を目指した？

（軍隊）（産業・文化）（憲法・国会）
欧米に負けない，強くて豊かで，政治のしくみが進んだ国＝近代国家

できごと

| 黒船来航 | 幕府を倒す | 富国強兵 | 自由民権運動 |
| 不平等条約 | 明治新政府 | 文明開化 | 大日本帝国憲法 |

どのような考えで？

・欧米から日本を守ろう！
・新しい政府をつくって，外国に負けない国にしよう！

・強い軍隊をつくろう！
・産業を発展させよう！
・欧米の文化を取り入れよう！
→欧米に追いつこう！

・みんなが政治に参加できる国にしよう！
・新しい政治のしくみを整えよう！

どんな人が？

下級武士たち　　明治政府の人たち　　国民や政府の人たち

つかむ（10分）

①学習問題を振り返り，本時の課題を設定する。

調べる（25分）

①キーワードを時系列で並べる。
②それぞれの段階で，どのような人たちが，どのような考えをもって行動したか振り返らせる。
③つまり，どのような国を目指したか考え，自分の言葉で表現させる。

Point

まとめる（10分）

①強い軍隊をもち，産業が盛んな国を近代国家という言葉でおさえる。
②学習問題のまとめを自分の言葉で表現させる。
③本小単元を振り返らせる。

本時のポイント…時系列で整理することで，人物の働きや考えを根拠に歴史の展開を考えることができます。

「世界に歩み出した日本」 1／6時

ねらい 日本の立場が変化したことを理解し，どのようなことを行ったのか関心をもつ。

つけたい力と評価

日本の立場を向上させるためにどのようにすべきかを考え，学習問題を考えている。

主体的に関わろうとする態度

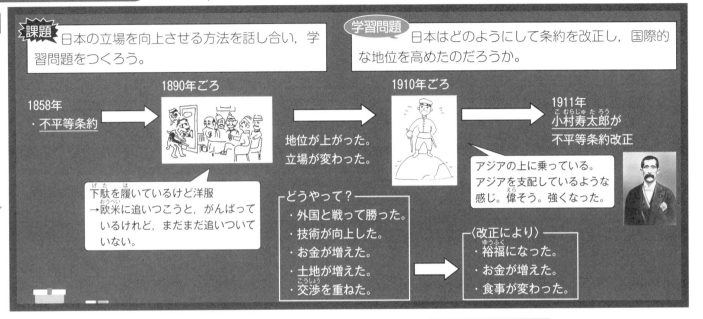

板書内容：
- 課題：日本の立場を向上させる方法を話し合い，学習問題をつくろう。
- 学習問題：日本はどのようにして条約を改正し，国際的な地位を高めたのだろうか。
- 1858年 ・不平等条約
- 1890年ごろ：下駄を履いているけど洋服 → 欧米に追いつこうと，がんばっているけれど，まだまだ追いついていない。
- 地位が上がった。立場が変わった。
- 1910年ごろ：アジアの上に乗っている。アジアを支配しているような感じ。偉そう。強くなった。
- 1911年 小村寿太郎（こむらじゅたろう）が不平等条約改正
- どうやって？
  ・外国と戦って勝った。
  ・技術が向上した。
  ・お金が増えた。
  ・土地が増えた。
  ・交渉（こうしょう）を重ねた。
- 〈改正により〉
  ・裕福（ゆうふく）になった。
  ・お金が増えた。
  ・食事が変わった。

つかむ（10分）

①明治維新で行ったこと，日本をどのような国にしようとしていたかを振り返らせる。
②不平等条約や欧米が近代化していたことを確認し，日本を強くしたいと思っていた当時の人の気持ちを想像させる。不平等条約 [板書]
③本時の学習課題を提示する。

調べる（25分）

①2つの風刺画を読み取り，当時の日本がどのような立場だったのかを話し合う。
②50年後に改正できたことを提示し，どのようにして改正が達成できたのかを予想させる。**Point**
③不平等条約が改正できたことで，国民の生活はどのようになったかを話し合う。

まとめる（10分）

①学習問題をつくる。
②学習問題に対して，どのようになっていったのか再度話し合わせ，学習計画を立てる。

本時のポイント…不平等条約締結から改正までの間をブラックボックスにし，改正する方法を予想することで学習問題とつなげていきます。

2章

授業の流れが一目でわかる！社会科6年板書型指導案

「世界に歩み出した日本」 2／6時

ねらい 日本が不平等条約でどのような影響を受けていたのかを調べ，改正への取り組みを理解する。

つけたい力と評価

不平等条約が日本にどのような不利益をもたらしていたかを調べ，改正することが願いだったこと，一部改正したことを理解している。

知識及び技能

課題 日本は不平等条約によってどのような影響を受けていたのだろうか。

まとめ 日本は，不平等条約により，不利益を受けていたが，1894年に一部改正することができた。

不平等条約
関税自主権
領事裁判権

1886年
ノルマントン号事件
日本人を助けなくてもよい。
裁判で裁けない。
外国人は日本で罪を犯してもだいじょうぶ。

関税自主権がない。
↓
安い製品が日本へ
↓
外国の製品が売れ，日本の製品は売れない。
↓
外国は儲かる。
日本は儲からない。

背景にイギリスがロシアと対立
日本と協力したい。

1894年　陸奥宗光が一部改正

つかむ（10分）

①学習問題と前時に出し合った改正のための条件を確認する。
②不平等条約について調べることを確認し，本時の学習課題を提示する。
③不平等条約の例としてノルマントン号事件の風刺画を提示し，様子を話し合わせる。

調べる（25分）

①ノルマントン号事件の概要を調べ，不利な様子をまとめさせる。＊領事裁判権
②1890年と1910年の貿易の金額を提示し，関税自主権がないことで日本の製品が売れないことを理解させる。 **Point**
③どのように改正することができたのか，資料から読み取らせる。

まとめる（10分）

①本時のまとめを書かせる。
②まとめを読み合い，これからどのようなことをすれば地位が外国と対等になるか，前時の方法を再考させる。

本時のポイント…不平等条約により，日本はどのような苦労があったのかを図や映像などを活用してわかりやすく説明します。

「世界に歩み出した日本」 3／6時

ねらい 日清戦争，日露戦争を調べ，戦争によって日本の国力が向上したことを理解する。

つけたい力と評価

日本が朝鮮や満州の支配をめぐって，清やロシアと戦争し，その結果，日本の力が向上したことを理解している。

知識及び技能

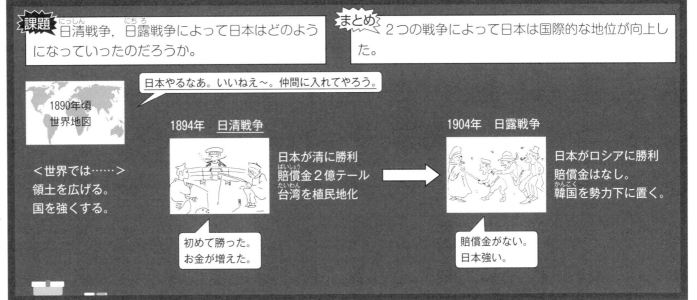

課題 日清戦争，日露戦争によって日本はどのようになっていったのだろうか。

まとめ 2つの戦争によって日本は国際的な地位が向上した。

1890年頃 世界地図

日本やるなあ。いいねえ〜。仲間に入れてやろう。

＜世界では……＞
領土を広げる。
国を強くする。

1894年　日清戦争
日本が清に勝利
賠償金2億テール
台湾を植民地化

初めて勝った。
お金が増えた。

1904年　日露戦争
日本がロシアに勝利
賠償金はなし。
韓国を勢力下に置く。

賠償金がない。
日本強い。

つかむ（10分）

①当時の世界地図を提示し，欧米列強が領土を広げていたことを理解させる。
　教　日本も追いつこうと領土を広げようとしていたことが推測できるね。
②本時の学習課題を提示する。

調べる（25分）

①日清戦争の勝敗や賠償金などの結果を調べ，ノートにまとめ，吹き出しに国民の声を想像して書かせる。
　＊賠償金等の資料は教科書を使用する。
②同様に日露戦争について調べさせる。
③2つの戦争の風刺画から，戦争当時の日本の様子，立場を話し合わせる。

まとめる（10分）

①この2つの戦争に勝った日本に欧米はどう思ったか予想して書かせる。
②本時のまとめを書かせる。
③まとめを読み合い，学習の振り返りをさせる。

本時のポイント…2つの戦争によって日本の地位が向上したことを理解させますが，くれぐれも戦争をすればよくなるという解釈にはならないようにしましょう。

「世界に歩み出した日本」 4／6時

ねらい 2つの戦争のあと，日本がどのように条約改正へ進めていったか調べ，理解する。

つけたい力と評価

2つの戦争のあと，日本がどのように条約改正へ進めていったか調べ，理解している。

知識及び技能

課題 戦争に勝った日本はどのようになっていったのだろうか。

まとめ 戦争に勝ち，学問の向上や産業の発展などにより不平等条約を改正し，欧米に近づいた。

＜戦争に勝ったことにより＞

1910年　韓国併合（かんこくへいごう）

日本語授業　　　領土拡大

欧米と同じように，植民地化
強くなろうとしている。

＜日本人の活躍（かつやく）＞

北里柴三郎（きたざとしばさぶろう）
破傷風（はしょうふう）
ノーベル賞候補

野口英世（のぐちひでよ）

夏目漱石（なつめそうせき）　樋口一葉（ひぐちいちよう）
新しい文学

1902年　日英同盟
1911年　小村寿太郎（こむらじゅたろう）　不平等条約改正
1914年　第一次世界大戦

＜産業の発展＞

技術の向上
ラジオ，路面電車

つかむ（10分）

①教科書の年表を見て，日露戦争までの出来事を振り返らせる。
　＊前時は戦争に特化して学習したので，それ以外にはどのようなことがあるのか話し合わせる。
②本時の学習課題を提示する。

調べる（25分）

①韓国併合について調べ，日本が欧米からされてきたことを韓国に対して行っていることを理解させる。＊前時とのつながりをもって考える。
②日本人の世界での活躍について人物ごとに調べまとめさせる。＊映像資料等を生かし，科学の発展を調べるとよい。

Point

まとめる（10分）

①本時のまとめを書かせる。
②まとめを読み合い，振り返りをさせる。

本時のポイント…科学や文学で日本人が活躍したことも日本の国力の向上につながっていることを理解させます。

2章 「世界に歩み出した日本」 5／6時

ねらい 欧米に追いつこうとしていた世の中の人々の生活を調べ，理解する。

つけたい力と評価

産業の発展により生まれた問題や，様々な運動について調べ，人々が民主主義に意識が高まったことを理解している。

知識及び技能

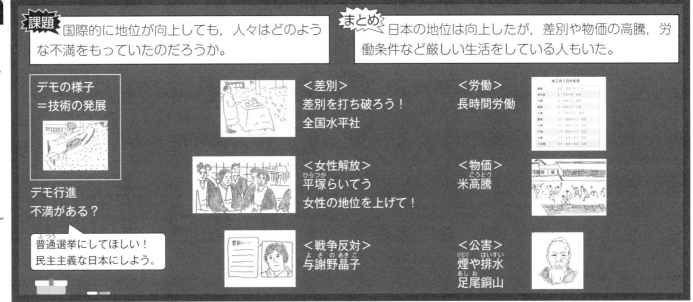

課題 国際的に地位が向上しても，人々はどのような不満をもっていたのだろうか。

まとめ 日本の地位は向上したが，差別や物価の高騰，労働条件など厳しい生活をしている人もいた。

- デモの様子＝技術の発展
- デモ行進　不満がある？
- 普通選挙にしてほしい！民主主義な日本にしよう。
- <差別> 差別を打ち破ろう！全国水平社
- <女性解放> 平塚らいてう　女性の地位を上げて！
- <戦争反対> 与謝野晶子
- <労働> 長時間労働
- <物価> 米高騰
- <公害> 煙や排水　足尾銅山

つかむ（10分）

①路面電車の写真を提示し，生活がよくなったことを理解させる。
② ①の資料の周りを見ると，人が多くいてデモ活動をしていることに注目させ，不満があったことを発見させる。
③本時の学習課題を提示する。

調べる（25分）

①6つの社会問題の資料を配布し，主な人物，内容を調べてノートにまとめさせる。 **Point**
②これまでの日本が発展しようと努力をしている一方，様々な問題があったことを理解させる。

まとめる（10分）

①本時のまとめを書かせる。
②まとめを読み合い，振り返りをさせる。

本時のポイント…社会問題を最後にまとめて扱い，日本が欧米に追いつこうとして進んでいた一方，問題も多くあったことに気づかせます。

「世界に歩み出した日本」 6／6時

ねらい 調べたことを整理して，学習問題の結論を表現する。

つけたい力と評価

日本が不平等条約を改定した流れを整理し，学習問題の結論を表現している。

思考力・判断力・表現力等

課題 調べたことを整理して，学習問題に答えよう。

学習問題 日本はどのようにして条約を改正し，国際的な地位を高めたのだろうか。

学習問題の結論 日本は～により，不平等条約を改定することができた。しかし……。

| 1858年 不平等条約 | → | 1911年 小村寿太郎が不平等条約改正 |

大日本帝国憲法・国会

日清・日露戦争

国際的地位の向上

産業の発展

学問の発展

しかし……

つかむ（5分）

①本時の学習課題を提示する。
②学習問題を確認する。
③不平等条約の締結と改正を板書する。
 ＊はじめと終わりだけまず板書し，中を前時のノートなどを見ながら学習をまとめていく。

調べる（20分）

①不平等条約改定の要素をこれまでの学習から話し合わせて，板書でまとめる。
②下部「しかし…」に続いて，国内の社会問題についてまとめさせる。

Point

まとめる（20分）

①学習問題の結論を書かせる。
②学習問題の結論をグループで読み合う。
③振り返りを書かせる。
 教 学習問題の結論について自分の考えを書きましょう。

Point 本時のポイント…ブラックボックス型でつくられていた授業の問いを図解化して，理解を深めます。

2章 「戦争と人々のくらし」 1／7時

ねらい 平和記念式典の様子や戦争に関する資料から学習問題を見出す。

つけたい力と評価

平和記念式典の様子や戦争に関する資料から学習問題を見出し，追究しようとしている。

主体的に関わろうとする態度

課題 戦争について知っていることや考えたことをもとに学習問題を考えよう。

学習問題 長く続いた昭和の戦争はどのようなものだったのだろうか。

日本国憲法　再び戦争の惨禍が起こらないように……

約70年前

平和記念式典
全国各地で行われている。
→わたしたちの町地域も

年表
- 1931年　満州事変
- 1937年　日中戦争
- 1937年　第二次世界大戦
- 1941年　太平洋戦争
- 1945年　沖縄戦
　　　　　広島・長崎に原爆
　　　　　終戦

昭和の戦争で命を失った人
日本人　約310万人
世界　約5000万～8000万人

町中が焼け野原
→多くの犠牲があったのではないか？

- 世界中が争っている。
　→なぜ戦争
- 15年も続いている。
- 多くの命が犠牲

つかむ（10分）
①夏休みに，各地で行われた戦争に関する平和の式典に関する写真を提示し，知っていることや感じたことを発表させる。※ニュース映像等を見せるのもよい。
②日本国憲法の前文の平和主義を振り返り，「再び戦争の惨禍～」に着目させ，本時の課題を設定する。

調べる（25分）
①年表を読み取り，わかったことや気づいたこと，考えたことを発表させる。
②終戦時の広島や長崎の写真を提示し，戦争の悲惨さを想像させる。事例がある場合は，地域の写真も提示することで，自分たちの地域でも戦争があったことを認識させる。**Point**

まとめる（10分）
①昭和の戦争で亡くなった方々の人数を示すことで，多くの尊い命が失われたことを知り，考えたことを書き，発表させる。
②学習問題を設定する。

本時のポイント…身近な事例から入ることで，昭和の戦争がどのようなものだったのか，関心を高められるようにします。

2章 授業の流れが一目でわかる！社会科6年板書型指導案

「戦争と人々のくらし」2／7時

ねらい 満州の利権をめぐる出来事，国際連盟からの脱退などから，日本が中国と戦争を開始したことを理解する。

⑬ し 戦争と人々のくら

つけたい力と評価

満州の利権をめぐる出来事，国際連盟からの脱退などから，日本が中国と戦争を開始したことを理解している。

知識及び技能

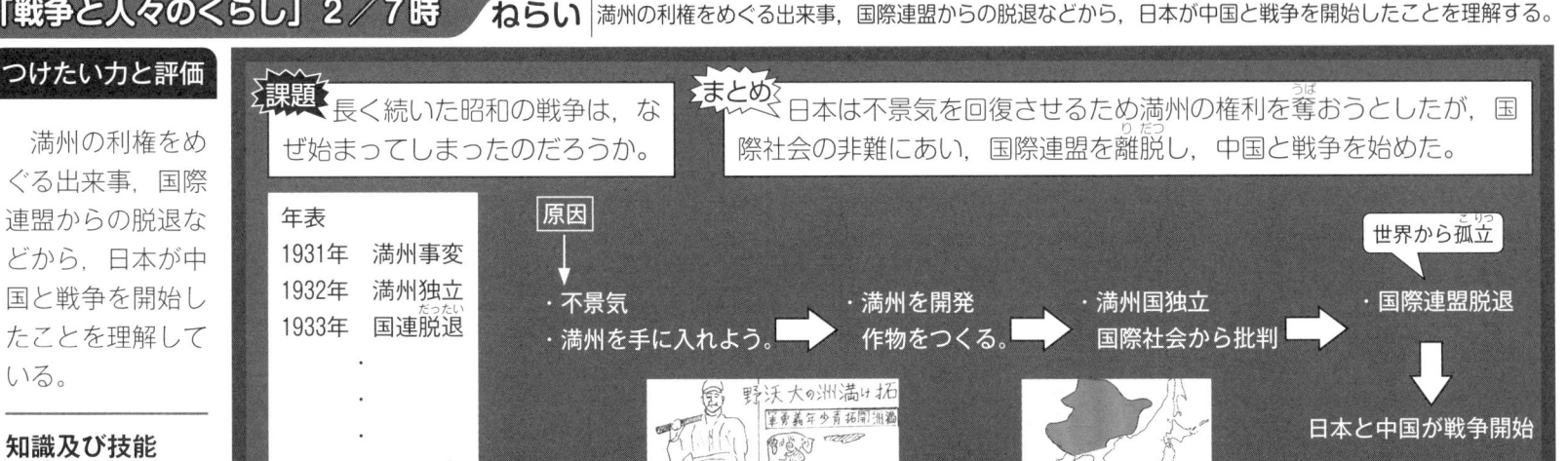

課題 長く続いた昭和の戦争は，なぜ始まってしまったのだろうか。

まとめ 日本は不景気を回復させるため満州の権利を奪おうとしたが，国際社会の非難にあい，国際連盟を離脱し，中国と戦争を始めた。

年表
1931年　満州事変
1932年　満州独立
1933年　国連脱退
・
・
・
1937年　日中戦争

原因

・不景気
・満州を手に入れよう。
→
・満州を開発
　作物をつくる。
→
・満州国独立
　国際社会から批判
→
世界から孤立
・国際連盟脱退
↓
日本と中国が戦争開始

満州の開拓を呼びかけるポスター
→移住して仕事をする。

満州の位置
→広大な土地や資源

つかむ（10分）

①前時を振り返り，なぜ戦争が始まったのか問いかけ，予想させる。予想させる際は，日清・日露戦争の学習を想起させるとよい。前時で児童からそのような疑問や感想が出ている場合は，児童の発言から入ることができる。
②本時の課題を設定する。

調べる（25分）

①年表や教科書から，戦争の原因や中国との開戦までの経緯を調べて書き出し，時系列に整理させる。**Point**
②国際連盟から離脱したことは，国際社会から孤立したということをおさえる。

まとめる（10分）

①調べたことを文章でまとめる。

Point 本時のポイント…教科書等から調べたことを書き出し，矢印を使って時系列に整理することで，開戦の原因や流れを理解することができます。

98

「戦争と人々のくらし」 3／7時

ねらい　太平洋戦争に関わる資料から、日本の開戦の経緯や戦争の広がりについて調べる。

つけたい力と評価

太平洋戦争に関わる資料から、日本の開戦の経緯や戦争の広がりについて調べることができる。

知識及び技能

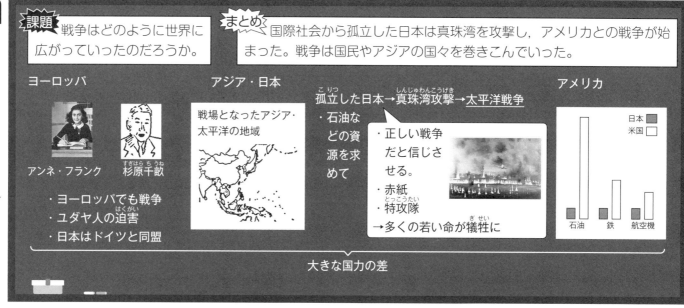

課題　戦争はどのように世界に広がっていったのだろうか。

まとめ　国際社会から孤立した日本は真珠湾を攻撃し、アメリカとの戦争が始まった。戦争は国民やアジアの国々を巻きこんでいった。

ヨーロッパ
- アンネ・フランク
- 杉原千畝（すぎはら ちうね）
・ヨーロッパでも戦争
・ユダヤ人の迫害（はくがい）
・日本はドイツと同盟

アジア・日本
戦場となったアジア・太平洋の地域
孤立（こりつ）した日本→真珠湾攻撃（しんじゅわんこうげき）→太平洋戦争
・石油などの資源を求めて
・正しい戦争だと信じさせる。
・赤紙
・特攻隊（とっこうたい）
→多くの若い命が犠牲（ぎせい）に

アメリカ
（日本／米国　石油・鉄・航空機のグラフ）

大きな国力の差

つかむ（10分）
①アンネの日記や杉原千畝のエピソードを紹介し、当時、ヨーロッパでも戦争が広がり、多くの人が犠牲になったことを知る。　**Point**
②本時の課題を設定する。

調べる（25分）
①教科書や資料集から、アメリカとの開戦の経緯を調べさせる。
②地図から、アジアの国々を巻き込んだ戦争であったことを読み取らせる。
③アメリカとの国力の差や、特攻隊について調べ、戦況が悪化していったことを理解する。

まとめる（10分）
①本時のまとめを書かせる。
②特攻隊のエピソードや映像資料を紹介し、戦争で多くの若い命が犠牲になったことについて考えさせ、振り返りを書かせる。　**Point**

本時のポイント…具体的なエピソードを紹介することで、戦争の悲惨さについて児童が真剣に考えることができます。

2章 授業の流れが一目でわかる！社会科6年板書型指導案

⑬ し 戦争と人々のくら

「戦争と人々のくらし」 4／7時

ねらい 戦争中の人々の様子について調べ，戦時体制中，生活が戦争のために犠牲になったことを理解する。

つけたい力と評価

戦争中の人々の様子について調べ，戦時体制中，生活が戦争のために犠牲になったことを理解している。

知識及び技能

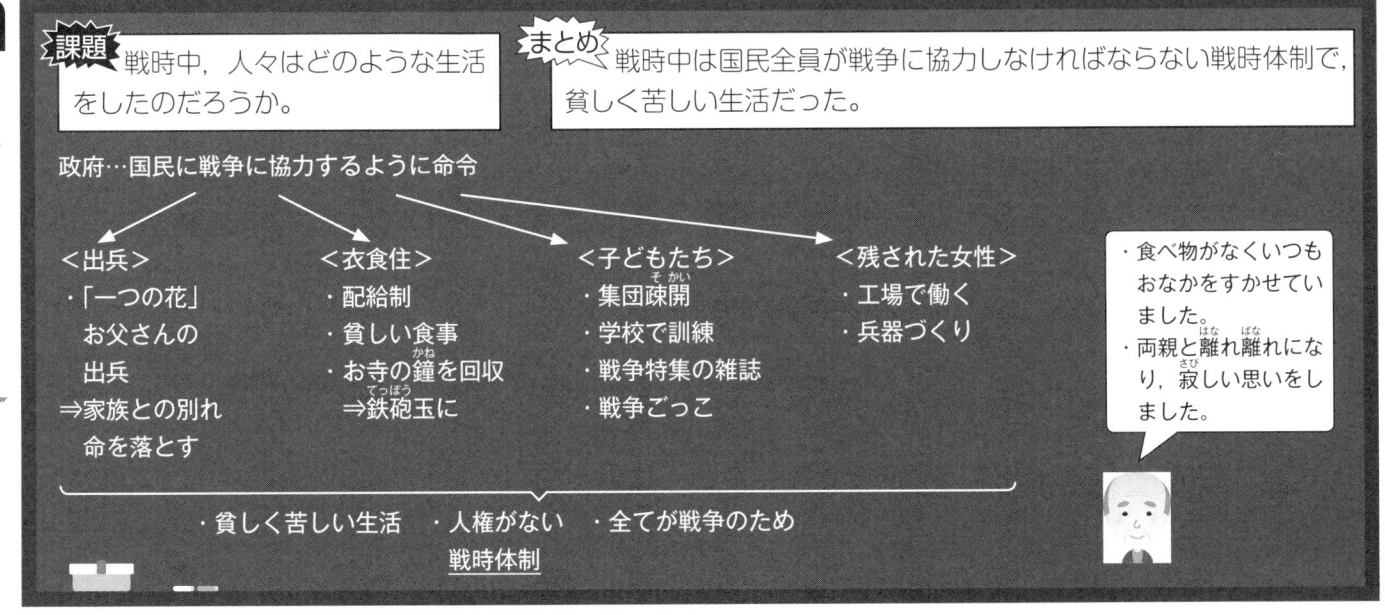

課題 戦時中，人々はどのような生活をしたのだろうか。

まとめ 戦時中は国民全員が戦争に協力しなければならない戦時体制で，貧しく苦しい生活だった。

政府…国民に戦争に協力するように命令

＜出兵＞
・「一つの花」
　お父さんの
　出兵
⇒家族との別れ
　命を落とす

＜衣食住＞
・配給制
・貧しい食事
・お寺の鐘を回収
⇒鉄砲玉に

＜子どもたち＞
・集団疎開
・学校で訓練
・戦争特集の雑誌
・戦争ごっこ

＜残された女性＞
・工場で働く
・兵器づくり

・食べ物がなくいつもおなかをすかせていました。
・両親と離れ離れになり，寂しい思いをしました。

・貧しく苦しい生活　・人権がない　・全てが戦争のため
戦時体制

つかむ（10分）

①第4学年の国語教材「一つの花」のあらすじを振り返り，戦時中の人々の生活を想像させる。
②本時の課題を設定する。

調べる（25分）

①戦時中のくらしについて，「衣食住」「子どもたち」「残された女性」の3つの視点で調べさせる。
②3つの視点で調べた内容の共通点を話し合わせ，人々の生活が戦争のためにすべて犠牲になったことや，人権がなかったことを理解させる。
③このような状況を戦時体制と言うことをおさえる。 **Point**

まとめる（10分）

①本時のまとめを書かせる。
②学童疎開を経験した方のエピソードを紹介し，戦争によって子ども時代が犠牲になったことについて考えさせ，振り返りを書かせる。

本時のポイント…調べた内容の共通点を考えさせることで，戦時体制によって人々の生活や人権が制限されたことを理解することができます。

「戦争と人々のくらし」5／7時

ねらい 空襲による被害について調べ，全国で一般市民が犠牲になったことを理解する。

つけたい力と評価

空襲による被害について調べ，全国で一般市民が犠牲になったことを理解している。

知識及び技能

課題 日本各地の都市は空襲によってどのような被害を受けたのだろうか。

まとめ 空襲により，全国の多くの都市が焼け野原となった。人々は空襲に備えたくらしをしたが，多くの尊い命が犠牲となった。

空襲の場面のさし絵

空襲の被害を受けた都市
※教科書や資料集の図を拡大掲示

国語「ちいちゃんのかげおくり」
・家族と離れ離れ
・まちが焼け野原
・命を落とす。

・全国の都市
・東京だけで122回
・焼夷弾
・多くの命が失われる。

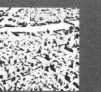

・まちが焼け野原

空襲慰霊碑
→わたしたちのまちにも！

・明かりを消して生活
・防空壕へ逃げた。
・家が焼けてしまった。
・家族を失った。
・生き延びても大変だった。

つかむ（10分）

①第3学年の国語教材「ちいちゃんのかげおくり」の空襲の場面を振り返り，空襲がどのようなものであったか想像させる。
②本時の課題を設定する。

調べる（25分）

①地図から，空襲が全国の都市で行われたことを読み取らせる。
②焼け野原になったまちの様子から，空襲の恐ろしさについて考えさせる。
③東京大空襲を経験された方の話を聞き，空襲に備えた生活を強いられたことや，多くの尊い命が犠牲となったことを知る。 **Point**

まとめる（10分）

①本時のまとめを書かせる。
②空襲の話を聞いて，考えたことを振り返りとして書かせる。

本時のポイント…戦争体験者の方の話を聞くことで，戦争をより身近に感じることができます。証言を記録した映像資料も活用できます。

「戦争と人々のくらし」 6／7時

ねらい　空襲や沖縄戦，広島・長崎の原爆投下を調べ，多くの尊い命が犠牲となって終戦を迎えたことを理解する。

つけたい力と評価

空襲や沖縄戦，広島・長崎の原爆投下を調べ，多くの尊い命が犠牲となって終戦を迎えたことを理解している。

知識及び技能

課題　長く続いた戦争はどのように終わったのだろうか。

まとめ　東京大空襲や沖縄戦，広島・長崎への原爆投下など，多くの犠牲を出して，1945年8月15日に日本は降伏し，終戦を迎えた。

1945　3月10日	4月～6月23日	8月6日	8月9日	8月15日
東京大空襲	沖縄戦	広島に原爆	長崎に原爆	終戦

- 死傷者12万人
- まちが焼け野原

- 12万人以上の犠牲
- 唯一の地上戦

- 一瞬にして何万人もの命が奪われる。
- 原爆の後遺症

- 15年にもおよぶ戦争が終わる。

第二次世界大戦で亡くなったアジアの人々

中国	約1000万人
朝鮮	約20万人
東南アジア	約890万人
日本	約310万人
軍人	約230万人
民間人	約80万人

多くの尊い命が犠牲となって終わった。

つかむ（10分）

①年表から，1945年に戦争が終結したことを読み取る。
②本時の課題を設定する。

調べる（25分）

①東京大空襲，沖縄戦，広島原爆投下，長崎原爆投下，終戦の様子を日付とともに板書し，どのようなことがあったか調べる。
②調べたことを発表する。
③多くの尊い命が犠牲となって戦争が終結したことを理解する。
④日本だけでなく，世界でも多くの犠牲が出たことを調べる。

まとめる（10分）

①本時のまとめを書く。
②本小単元の第1時を振り返り，それぞれの日にちが，今でも戦争を忘れないため，平和を願うために大切にされていることについて考える。

Point

Point ▶本時のポイント…戦後約70年たった今日でも，多くの人が平和を求める気持ちをもっていることに気づかせることで，次時のまとめの学習につなげます。

「戦争と人々のくらし」 7／7時

ねらい 昭和の戦争について学んだことを通して，戦争について考えたことを表現する。

つけたい力と評価

昭和の戦争について学んだことを通して，戦争について考えたことを表現している。

思考力・判断力・表現力等

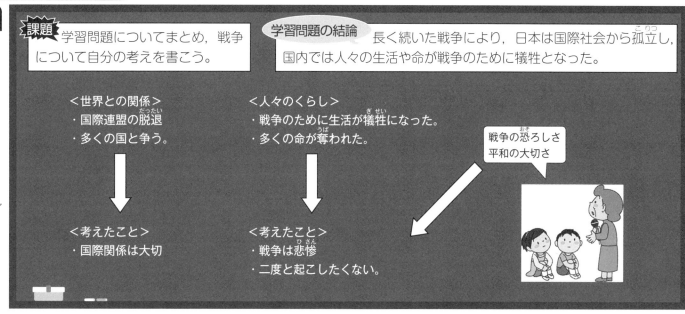

課題 学習問題についてまとめ，戦争について自分の考えを書こう。

学習問題の結論 長く続いた戦争により，日本は国際社会から孤立し，国内では人々の生活や命が戦争のために犠牲となった。

＜世界との関係＞
・国際連盟の脱退
・多くの国と争う。

＜人々のくらし＞
・戦争のために生活が犠牲になった。
・多くの命が奪われた。

戦争の恐ろしさ
平和の大切さ

＜考えたこと＞
・国際関係は大切

＜考えたこと＞
・戦争は悲惨
・二度と起こしたくない。

つかむ（10分）
①学習問題を振り返り，本時の課題を設定する。

調べる（25分）
①戦争によって，「世界との関係」「人々のくらし」がどうなったか振り返らせる。
②それぞれの視点について，これまでに学習したことをもとに，考えたことを書き，話し合う。 **Point**
③元ひめゆり女学生の方の話を聞き，考えたことを書く。

まとめる（10分）
①学習問題のまとめを書く。
②戦争について自分の考えを意見文にまとめる。

本時のポイント…調べたことを根拠に自分の考えを書くことで，戦争についての学びを深めることができます。

「戦後復興」 1／6時 　**ねらい** 戦後のまちの変化の様子から学習問題を見出す。

つけたい力と評価

戦後のまちの変化の様子から学習問題を見出し，意欲的に追究しようとしている。

主体的に関わろうとする態度

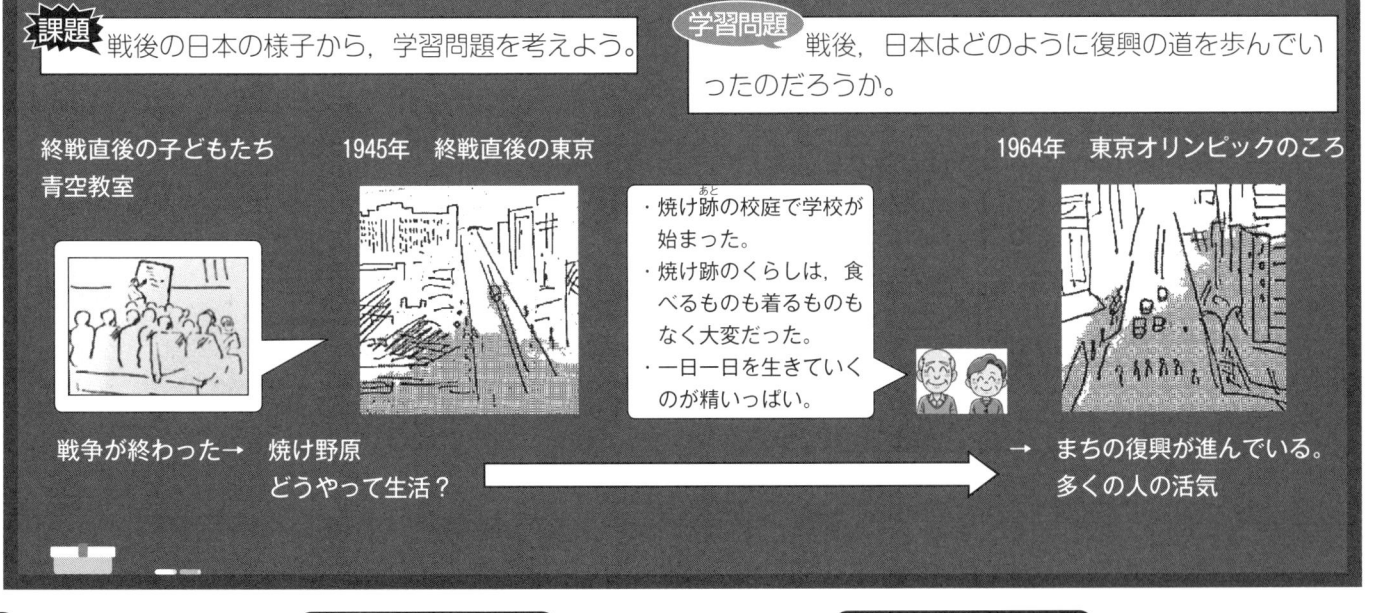

課題 戦後の日本の様子から，学習問題を考えよう。

学習問題 戦後，日本はどのように復興の道を歩んでいったのだろうか。

終戦直後の子どもたち 青空教室　　1945年　終戦直後の東京　　1964年　東京オリンピックのころ

・焼け跡の校庭で学校が始まった。
・焼け跡のくらしは，食べるものも着るものもなく大変だった。
・一日一日を生きていくのが精いっぱい。

戦争が終わった→　焼け野原　どうやって生活？　　→　まちの復興が進んでいる。多くの人の活気

つかむ（20分）

①終戦直後の子どもの様子から，戦争が終わったことを振り返る。
②焼け野原となった東京のまちを示し，思ったことを発表させる。
③本時の課題を設定する。

調べる（15分）

①当時のことを知る方の話から，戦後も物資がなく苦しい生活が続いたことを知る。
②終戦直後のまちと東京オリンピックのころのまちの様子を比較し，気づいたことを発表する。 **Point**
③まちの復興が進んだことを読み取り，どのように復興を果たしたのかと考えさせる。

まとめる（10分）

①学習問題を設定する。
②学習問題に対する予想を考えさせる。

本時のポイント…写真を比較し，まちの様子の変化を読み取らせることで，学習問題につなげます。

2章 授業の流れが一目でわかる！社会科6年板書型指導案

「戦後復興」 2／6時

ねらい 戦後の日本の改革について調べ，日本が平和で民主的な国家を目指したことを理解する。

つけたい力と評価

戦後の日本の改革について調べ，日本が平和で民主的な国家を目指したことを理解している。

知識及び技能

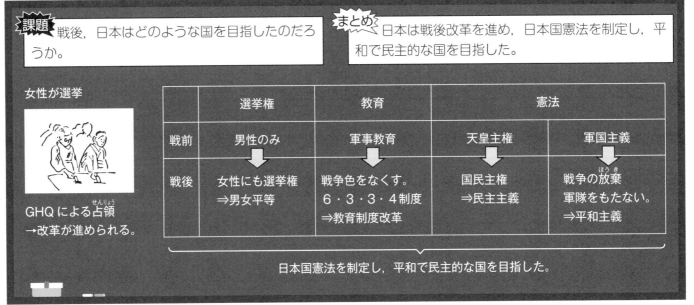

課題 戦後，日本はどのような国を目指したのだろうか。

まとめ 日本は戦後改革を進め，日本国憲法を制定し，平和で民主的な国を目指した。

女性が選挙

GHQによる占領
→改革が進められる。

	選挙権	教育	憲法	
戦前	男性のみ	軍事教育	天皇主権	軍国主義
戦後	女性にも選挙権 ⇒男女平等	戦争色をなくす。 6・3・3・4制度 ⇒教育制度改革	国民主権 ⇒民主主義	戦争の放棄 軍隊をもたない。 ⇒平和主義

日本国憲法を制定し，平和で民主的な国を目指した。

つかむ（10分）

①戦後初の選挙の写真を提示する。
　鬼 女性が選挙をしている。
→鬼 国のしくみが変わったのかな？
②本時の課題を設定する。

調べる（25分）

①戦後，日本がGHQに占領されたことや，GHQの指導のもと，戦後改革が進められたことを調べさせる。
②選挙権，教育，憲法の3つの視点で戦前と戦後の変化を調べ，表にまとめさせる。 **Point**

まとめる（10分）

①政治単元の憲法の学習を想起させ，日本が平和で民主的な国家になったことを理解できるようにする。
②本時のまとめを書かせる。

本時のポイント…調べる視点を示し，表に整理することで，日本の民主化について理解できるようにします。

2章 授業の流れが一目でわかる！社会科6年板書型指導案

「戦後復興」3／6時

ねらい 戦後の世界や国内の様子を調べ，日本が国際社会に復帰し国民の努力によって復興したことを理解する。

つけたい力と評価

戦後の世界や国内の様子を調べ，日本が国際社会に復帰し国民の努力によって復興したことを理解している。

知識及び技能

課題 日本と世界の関係や，国内の様子はどのようになったのだろうか。

まとめ 日本はサンフランシスコ平和条約を結び，国際連合に加盟することで国際社会に復帰した。国内では，国民の努力により，産業が発展した。

国際情勢
・国際連合の発足
→再び戦争をしないために
・アジア諸国の独立

・朝鮮戦争
・東西冷戦

日本の立場
・日本の民主化
・サンフランシスコ平和条約
・日米安全保障条約

・国際連合　加盟

・経済の発展

アメリカの支援

国際社会に復帰

国内の様子
・産業の発展
→電化製品の普及
→国民生活の向上
・集団就職
・道路などの整備

国民の努力

つかむ（10分）

①戦時中，日本が国際社会から孤立したことを振り返り，世界との関係がどうなったか予想させる。
②国の制度は改革したが，国民のくらしはどうなったのか予想させる。
③本時の課題を設定する。

調べる（25分）

①年表や教科書から，戦後の日本について，国際情勢，日本の立場，国内の様子の3つの視点で調べさせ，整理させる。
②日本が国際社会に復帰したことを理解する。 **Point**
③国民の努力により，産業が発展したことを理解する。

まとめる（10分）

①本時のまとめを書かせる。

Point 本時のポイント…視点を明確にして調べたことを整理することで，戦後の複雑な国際情勢について，日本の立場や国内の様子と関連づけて理解できます。

2章 授業の流れが一目でわかる！社会科6年板書型指導案

「戦後復興」 4／6時

ねらい オリンピックを契機に，産業や経済が発展し，国民生活が向上したことを理解する。

つけたい力と評価

オリンピックを契機に，産業や経済が発展し，国民生活が向上したことを理解している。

知識及び技能

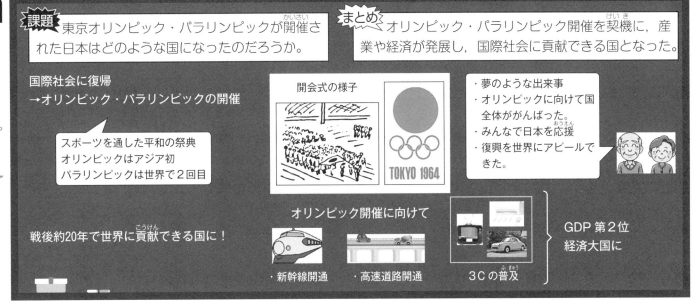

課題 東京オリンピック・パラリンピックが開催された日本はどのような国になったのだろうか。

まとめ オリンピック・パラリンピック開催を契機に，産業や経済が発展し，国際社会に貢献できる国となった。

国際社会に復帰
→オリンピック・パラリンピックの開催

スポーツを通した平和の祭典
オリンピックはアジア初
パラリンピックは世界で2回目

開会式の様子　TOKYO 1964

・夢のような出来事
・オリンピックに向けて国全体ががんばった。
・みんなで日本を応援
・復興を世界にアピールできた。

戦後約20年で世界に貢献できる国に！

オリンピック開催に向けて
・新幹線開通　・高速道路開通　3Cの普及

GDP第2位
経済大国に

つかむ（10分）

①1964年の東京オリンピックについて，知っていることを発表させる。
②戦後約20年で東京オリンピックが開催されたことや，第2回パラリンピックも開催されたことを伝え，本時の課題を設定する。

調べる（25分）

①オリンピック・パラリンピックの開催に向けた国内の様子の変化を調べさせる。
②東京オリンピック・パラリンピックを見た当時の人の話を聞き，日本がオリンピックを契機に産業や経済の発展を果たしたことを理解する。**Point**
③70年代にはGDPが世界2位になり，経済大国になったことをおさえる。

まとめる（10分）

①本時のまとめを書かせる。
②戦後約20年で日本がオリンピックを開催できたことについて，自分の考えを書かせる。

本時のポイント…当時を経験した方の話を聞くことで，オリンピック・パラリンピックの開催が日本の復興や経済発展の原動力になったことに気づかせます。

2章

授業の流れが一目でわかる！社会科6年板書型指導案

「戦後復興」5／6時

ねらい 戦後の日本の歩みについて，国内と世界の2つの視点で考え，学習問題の結論を表現する。

つけたい力と評価

戦後の日本の歩みについて，国内と世界の2つの視点で考え，学習問題の結論を表現している。

思考力・判断力・表現力等

課題 戦後の日本がどのように歩んできたかふり返り，学習問題の結論を考えよう。

学習問題の結論 戦後の日本は平和で民主的な国家として出発し，国際社会に復帰した。そして国民の努力によって復興を果たし，オリンピック・パラリンピックを開催するなど世界に貢献できる国となった。

戦後年表
1946年 日本国憲法が制定される。
1947年 教育制度が変わる。
1951年 サンフランシスコ平和条約
……

世界との関わり
・国際社会に復帰
・国際連合加盟
・オリンピック・パラリンピックを開催（かいさい）
→世界の国と平和を目指す。
→国際社会に貢献（こうけん）できる国になった。

国内の様子
・焼け野原からの復興
・戦後改革　・民主化
・産業や経済の発展
→平和で民主的な国になった。
→多くの国民が努力した。

どのような歩み？　・平和な世界を目指す一員になるための歩み　・国民の努力の歩み　・豊かで平和な国になるための歩み

つかむ（5分）

①学習問題を振り返り，本時の課題を設定する。

調べる（25分）

①年表やこれまでのノートから，戦後の日本の出来事を「世界との関わり」「国内の様子」の2つの視点で整理させる。

②それぞれの出来事により，日本がどのようになったか，なぜそのようになったのか考え，話し合わせる。

Point

まとめる（15分）

①戦後の日本の歩みは，どのような歩みと言えるか考え，自分の言葉で表現する。

②学習問題の結論をまとめる。

③本小単元の振り返りを書く。

本時のポイント…戦後の日本の歩みから，世界とともに平和を目指す国になったことや，国民の不断の努力があったことを考えさせます。

「戦後復興」 6／6時

ねらい　これからの日本の社会のあり方について、これまでの学習をもとに考えようとする。

つけたい力と評価

これからの日本の社会のあり方について、意欲的に考えようとしている。

主体的に関わろうとする態度

【板書】

課題　これからの日本は、どのような国になっていくべきだろうか。

まとめ　これからの日本は人権や文化を尊重し、世界と協力して様々な課題を解決していける国になっていくべきである。

＜オリンピック後の日本＞
- 冬季オリンピックを2度開催
- 様々なスポーツ国際大会の開催
- 京都議定書
- 世界遺産への積極的な申請
- 様々な国際支援
- 東日本大震災
  →多くの国から支援
- 2020年東京オリンピック　パラリンピック

- 国際社会で重要な役割を果たす。
- 世界と協力
- 文化の保存継承

⇔

国内の課題
- 震災復興
- 歴史で学習した差別の問題
- 文化財の保護

世界との関わり
- 環境問題
- アメリカ軍基地
- 領土問題

人権や文化を尊重し、相手国の立場も考え、世界の国々と協力して課題を解決していける国へ

つかむ（10分）

①1964年の東京オリンピック・パラリンピック後の日本の社会の様子について年表で調べ、日本が国際社会の中で重要な役割を果たしてきたことや、世界の国々と協力し合っていることを読み取らせる。

②一方、様々な課題を抱えていることも知り、本時の課題を設定する。

調べる（25分）

①教科書や資料集、事前に集めたニュースの情報や新聞記事から、日本が抱える課題について調べ、発表する。

②これらを解決するために、どのようなことを大切にしていけばよいか考え、話し合わせる。

まとめる（10分）

①本時のまとめを書かせる。

②本時の内容を振り返り、改めて、これからの日本をどのような国にしていきたいか、自分の考えを再度書かせる。

Point

本時のポイント…本時の内容をまとめたあと、改めて個の考えを書かせることで、よりよい社会をつくっていこうとする思いを高めることができます。

2章

授業の流れが一目でわかる！社会科6年板書型指導案

「世界の中の日本」 1／1時

ねらい 世界がグローバル化してつながり合っていることに気づき，参画意識をもつ。

つけたい力と評価

世界がグローバル化し，日本も他国とつながり合っていることに気づき，主体的に関わろうとしている。

主体的に関わろうとする態度

課題 日本と世界はどうつながっているのだろうか。

めあて わたしたちはこれから，どのようにして世界の人々とともに生きていけばよいのだろうか。

日本ってどんな国なのかな？

| **地理** 島国，東経135度，アジア，温泉，火山大国 | **歴史** 江戸時代は鎖国，第二次世界大戦で敗れた，武士，寺 | **政治** 天皇制，憲法9条，民主主義 | **その他** 相撲，和食，野球，サッカー |

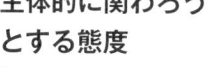

たくさんの人が来る！世界第○位！

仏教，米づくり，技術などが伝わってきた。

世界の環境問題を話し合っている。

世界大会……ワールドカップ，世界陸上など

つかむ（10分）

①「日本ってどんな国なのかな？」 **板書**
②グループで知っていることを話し合わせ，地理的なこと，歴史的なこと，政治的なこと，その他で分類していく。
③発表し合う。
④大単元名を確認し，本時の学習課題を提示する。

調べる（25分）

①資料を4枚提示し，日本の様子とのつながりを話し合わせる。
　教 どんなつながりがあると言えますか。
②世界とのつながりは他にどんなものがあるか，資料と関連させて考えさせる。
　例 ペリー来航の資料→その他にも日本に来た人がいた→米づくり

まとめる（10分）

①日本と世界はたくさんのつながりがあることを確認し，大単元のめあてをつくる。

Point

Point 本時のポイント…つながりを理解するために，日本の様子と線で結ぶことで実感をもたせることができます。

⑮ 世界の中の日本

「日本とつながりの深い国々」1／6時

ねらい：日本とのつながりの深い国々を知り、外国の様子に関心をもつ。

つけたい力と評価

日本とつながりの深い国々について関心をもち，調べようとしている。

主体的に関わろうとする態度

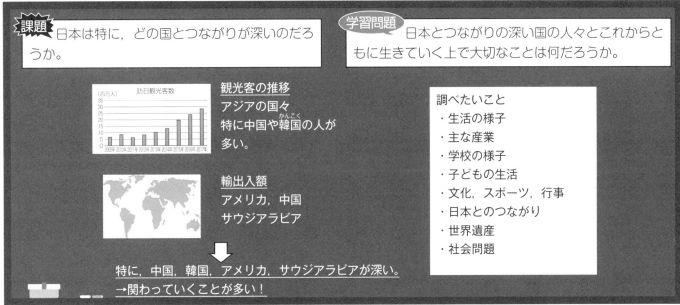

課題　日本は特に，どの国とつながりが深いのだろうか。

学習問題　日本とつながりの深い国の人々とこれからともに生きていく上で大切なことは何だろうか。

観光客の推移
アジアの国々
特に中国や韓国(かんこく)の人が多い。

輸出入額
アメリカ，中国
サウジアラビア

→ 特に，中国，韓国，アメリカ，サウジアラビアが深い。
→関わっていくことが多い！

調べたいこと
・生活の様子
・主な産業
・学校の様子
・子どもの生活
・文化，スポーツ，行事
・日本とのつながり
・世界遺産
・社会問題

つかむ（10分）

①本時の学習課題を提示する。
②これまでの学習経験をもとに，どの国とつながりが深いかを予想させる。

調べる（25分）

①観光客の国別推移，貿易の関係国を提示し，つながりの深い国を調べさせる。
②4つの国に絞り，知っていること話し合う。
③教 知らないことがいっぱいありそうだね。まずは知るところから始めよう！
④大単元のめあてを振り返り，学習問題をつくる。

まとめる（10分）

①調べたいことを話し合い，学習計画を立てる。
②単元の最後に調べたことをもとにして，学習問題についてのディスカッションをすることを伝え，ゴールを明確にする。

本時のポイント…ただ調べる学習は深まりがないので，調べたことを題材にして学習を深化させるためのしかけをします。

2章

授業の流れが一目でわかる！社会科6年板書型指導案

「日本とつながりの深い国々」 2・3・4／6時

ねらい 日本とつながりの深い国々について，観点をもって調べる。

つけたい力と評価

日本とつながりの深い国々について観点をもって情報を取捨選択し，調べている。

知識及び技能

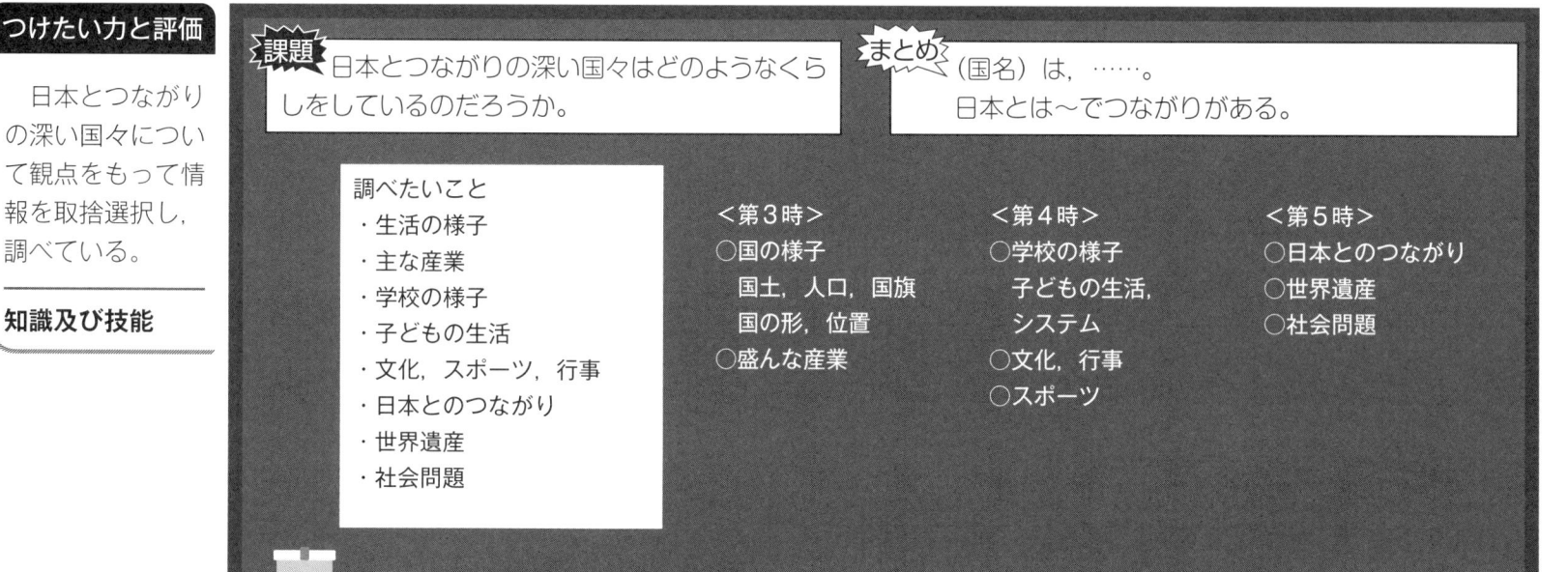

課題 日本とつながりの深い国々はどのようなくらしをしているのだろうか。

まとめ （国名）は，……。
日本とは～でつながりがある。

調べたいこと
・生活の様子
・主な産業
・学校の様子
・子どもの生活
・文化，スポーツ，行事
・日本とのつながり
・世界遺産
・社会問題

＜第3時＞
○国の様子
　国土，人口，国旗
　国の形，位置
○盛んな産業

＜第4時＞
○学校の様子
　子どもの生活，
　システム
○文化，行事
○スポーツ

＜第5時＞
○日本とのつながり
○世界遺産
○社会問題

つかむ（10分）

①本時の学習課題を提示する。
②調べたいことを確認し，3時間で調べるように分ける。 **Point**
③4人グループをつくり，調べる国を分担させる。

調べる（110分）

①学習計画に沿ってパソコンや書籍を使って調べていく。＊途中，同じテーマの人との交流タイムなどを入れると情報交換ができる。

まとめる（15分）

①どんな国か，日本とつながりが深いところはどこかを，第5時の終わりのまとめに書かせる。

本時のポイント…調べることを時間数で分けることで，本時に学習することが明確になり，的確に情報を集めることができます。

112

「日本とつながりの深い国々」 5・6／6時

ねらい 日本とつながりの深い国々について調べたことを生かし，話し合う。

つけたい力と評価

学習問題に対して，話し合いを通して整理し，言葉で表現している。

思考力・判断力・表現力等

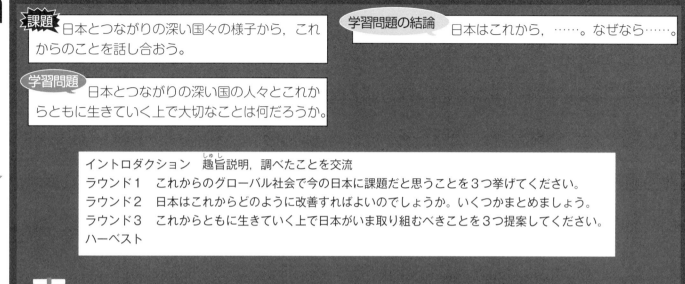

課題 日本とつながりの深い国々の様子から，これからのことを話し合おう。

学習問題 日本とつながりの深い国の人々とこれからともに生きていく上で大切なことは何だろうか。

学習問題の結論 日本はこれから，……。なぜなら……。

イントロダクション　趣旨説明，調べたことを交流
ラウンド１　これからのグローバル社会で今の日本に課題だと思うことを３つ挙げてください。
ラウンド２　日本はこれからどのように改善すればよいのでしょうか。いくつかまとめましょう。
ラウンド３　これからともに生きていく上で日本がいま取り組むべきことを３つ提案してください。
ハーベスト

つかむ（10分）

①本時の学習課題を提示する。
②学習問題を確認する。
③ルールを確認する。

調べる（60分）

①ワールド・カフェの形式で話し合いを行わせる。＊他の活動でもよいが，つながりがある国について知るだけではなく，それらを題材にして話し合わせたい。
②教師は極力介入せず，話し合いを見守る。 **Point**

まとめる（20分）

①学習問題の結論を書かせる。
②結論を読み合う。
③話し合いの振り返りを含めて，自分の意見を振り返りに書かせる。

本時のポイント…ワールド・カフェの話し合いの形式，方法，目的を十分理解した上で実践してみてください。

2章
授業の流れが一目でわかる！社会科6年板書型指導案

⑰ 世界の未来と日本の役割

「世界の未来と日本の役割」 1／8時

ねらい 世界の様子について絵本をもとに話し合い，学習問題をつくる。

つけたい力と評価

世界の様子について絵本や資料をもとに話し合い，学習問題を表現している。

思考力・判断力・表現力等

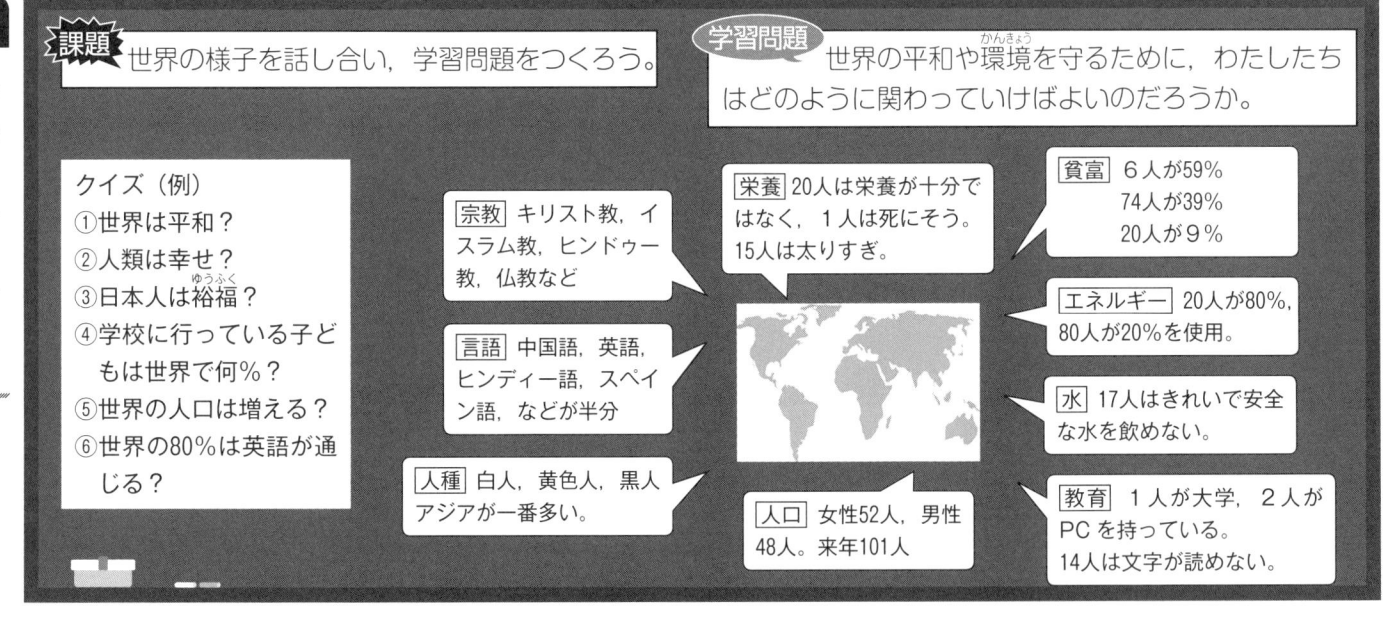

課題 世界の様子を話し合い，学習問題をつくろう。

学習問題 世界の平和や環境(かんきょう)を守るために，わたしたちはどのように関わっていけばよいのだろうか。

クイズ（例）
①世界は平和？
②人類は幸せ？
③日本人は裕福(ゆうふく)？
④学校に行っている子どもは世界で何％？
⑤世界の人口は増える？
⑥世界の80％は英語が通じる？

宗教 キリスト教，イスラム教，ヒンドゥー教，仏教など

言語 中国語，英語，ヒンディー語，スペイン語，などが半分

人種 白人，黄色人，黒人アジアが一番多い。

栄養 20人は栄養が十分ではなく，1人は死にそう。15人は太りすぎ。

人口 女性52人，男性48人。来年101人

貧富 6人が59％ 74人が39％ 20人が9％

エネルギー 20人が80％，80人が20％を使用。

水 17人はきれいで安全な水を飲めない。

教育 1人が大学，2人がPCを持っている。14人は文字が読めない。

つかむ（10分）

①クイズを提示し，答えをノートに書かせる。
　＊世界の様子を児童がどのように捉えているのか，お互いの認識のちがいを実感させる。
②答えの理由を交流させる。
③本時の学習課題を提示する。

調べる（20分）

①『世界がもし100人の村だったら』を読み，世界の様子について気づいたことを世界地図の周りに書き込ませる。
②出し合ったことをまとめた板書を見て，気づいたことを交流させ，クイズの答えを考えさせる。
Point
児 世界はちがいが大きい。平和とは言えない。安全じゃない。

まとめる（15分）

①出し合ったことから，どのような問題が起きているのか予想し合う。
Point
②学習問題をつくる。
③振り返りを書かせる。
教 世界の様子からどのような問題が起きていて，誰がどのように取り組んでいるのか予想して書きましょう。

本時のポイント…社会問題にどのように関わっているのか，まずは知っていることを出させます。合っていなくても，次時以降調べるので意見を大事にしてあげましょう。

「世界の未来と日本の役割」 2／8時

ねらい　世界の様子からどのような問題が起きているのかを話し合い，学習計画を立てる。

つけたい力と評価

世界の様子から起きている問題を出し合い，どのように解決しようと努力しているのかを考えようとしている。

――――――――
主体的に関わろうとする態度

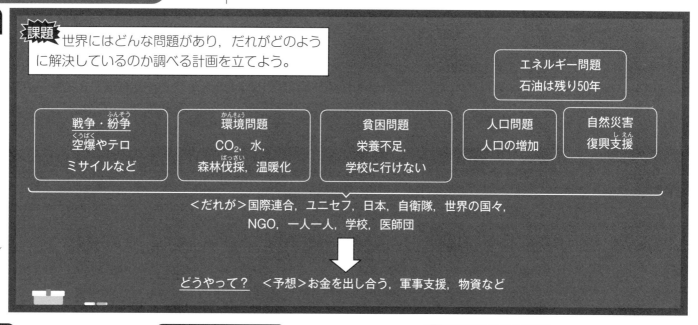

課題 世界にはどんな問題があり，だれがどのように解決しているのか調べる計画を立てよう。

- 戦争・紛争（ふんそう）　空爆（くうばく）やテロ　ミサイルなど
- 環境問題（かんきょう）　CO_2，水，森林伐採（ばっさい），温暖化
- 貧困問題　栄養不足，学校に行けない
- 人口問題　人口の増加
- 自然災害　復興支援（しえん）
- エネルギー問題　石油は残り50年

＜だれが＞国際連合，ユニセフ，日本，自衛隊，世界の国々，NGO，一人一人，学校，医師団

どうやって？　＜予想＞お金を出し合う，軍事支援，物資など

つかむ（10分）
①前時の振り返りを読み合い，世界の様子，問題の予想について確認する。
②本時の学習課題を提示する。

調べる（25分）
①前時のノートを資料にして，考えられる社会の問題を出させる。
②誰が解決しようと活動をしているのか知っていることや予想を出させる。
③わからないこと，疑問，調べたいことを出し合う。　**Point**

まとめる（10分）
①世界がどのように解決しようとしているのか，調べていくことを確認し，学習計画をつくる。
②誰がどのような支援をしていると考えられるか予想を考え，振り返りを書かせる。

本時のポイント…一度立ち止まり，疑問を出し合い，整理することで，これから調べていく意欲を高めます。

2章

授業の流れが一目でわかる！社会科6年板書型指導案

「世界の未来と日本の役割」 3／8時

ねらい 国際連合の機関と活動について調べ，平和と安全のために活動をしていることを理解する。

つけたい力と評価

国際連合がどのような活動をしているのか，2つの機関を調べて，理解している。

知識及び技能

課題 国際連合は世界の様々な問題にどのような役割を果たしているのだろうか。

まとめ 国際連合には多くの機関があり，平和と安全，人々のために活動をしている。

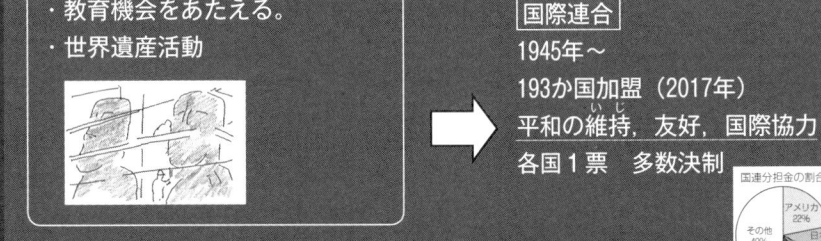

ユネスコ

教育，科学，文化を通じて平和な社会をつくること
・教育機会をあたえる。
・世界遺産活動

国際連合

1945年〜

193か国加盟（2017年）

平和の維持，友好，国際協力

各国1票　多数決制

国連分担金の割合
アメリカ 22%
日本 11%
ドイツ 7%
フランス 6%
イギリス 5%
その他 49%

ユニセフ

戦争や食料不足による飢えなどで厳しいくらしをしている子どもたちの支援

つかむ（10分）

①学習問題，学習計画を確認する。

②本時の学習課題を提示する。

③国際連合の目的や概要について資料を読み，ノートにまとめる。

④国際連合の目的の3つは具体的にどのようなことか予想を立てる。

調べる（25分）

①国際連合にある機関一覧を提示し，知っていることを交流させる。

②ユネスコの活動について，映像や資料から調べる。

③ユニセフの活動について，映像や資料から調べる。
＊著名人も参加していることを知る。 **Point**

④新聞記事などから日本も支援を受けたことを知る。

まとめる（10分）

①国際連合のこれらの活動の目的を話し合い，国際連合の目的と結びつける。

②本時の学習のまとめを書かせる。

③まとめを読み合い，学習の振り返りを書かせる。

17 世界の未来と日本の役割

Point 本時のポイント…国際連合の活動をより理解しやすいよう，2つの機関を題材にして調べます。2つを比較しながら見ることができ，目的をより理解することができます。

2章 「世界の未来と日本の役割」 4／8時

ねらい 国際連合以外に，日本や政府以外の民間の団体が活動をしていることを理解する。

つけたい力と評価

国際連合以外にも日本や民間の団体などが世界の平和や安全のために様々な活動をしており，役割を果たしていることを理解している。

知識及び技能

課題 日本はどのような国際的な活動をしているのだろうか。

まとめ 日本の政府や自衛隊，その他にもNGOなどの政府ではない人たちも世界の平和のために様々な活動をしている。

支援金
日本はGDP3位
世界の国々へ平和のため，
復興のための支援をしている。

ODA（海外青年協力隊）

自衛隊
平和維持活動への参加
南スーダン（2012年）
イラク（2004年）

NGO
非政府組織
募金や寄付金，ボランティア
それぞれの専門性を活かして

3.11で日本も様々な国から支援を受けた。
＝世界の国々は協力し合っている。

つかむ（10分）
①前時の学習と学習計画から〈誰が〉の1つを学習したことを確認し，本時の学習内容を確認する。
②本時の学習課題を提示する。

調べる（25分）
①政府やJICAの活動を調べる。
②自衛隊の支援活動やNGOの活動を児童に調べる。 **Point**
③3つの活動から感じたことを話し合う。
　 日本は他国にしてあげてばかり。
④東日本大震災や第二次世界大戦後に多くの支援を受けたことを伝える。 **Point**

まとめる（10分）
①本時のまとめを書かせる。
②まとめを読み合い，振り返りを書かせる。

本時のポイント…まず資料や教科書で日本の支援活動を淡々と調べます。その後日本の支援を受けた情報を知ることでお互いに支え合っていることを実感できます。

「世界の未来と日本の役割」 5／8時

ねらい 平和を守るために，国際連合や日本が様々な活動をしていることを調べ，理解する。

つけたい力と評価

世界が平和に安心してくらせるよう，日本や国際連合が復興支援活動を行っていることを調べ，理解している。

知識及び技能

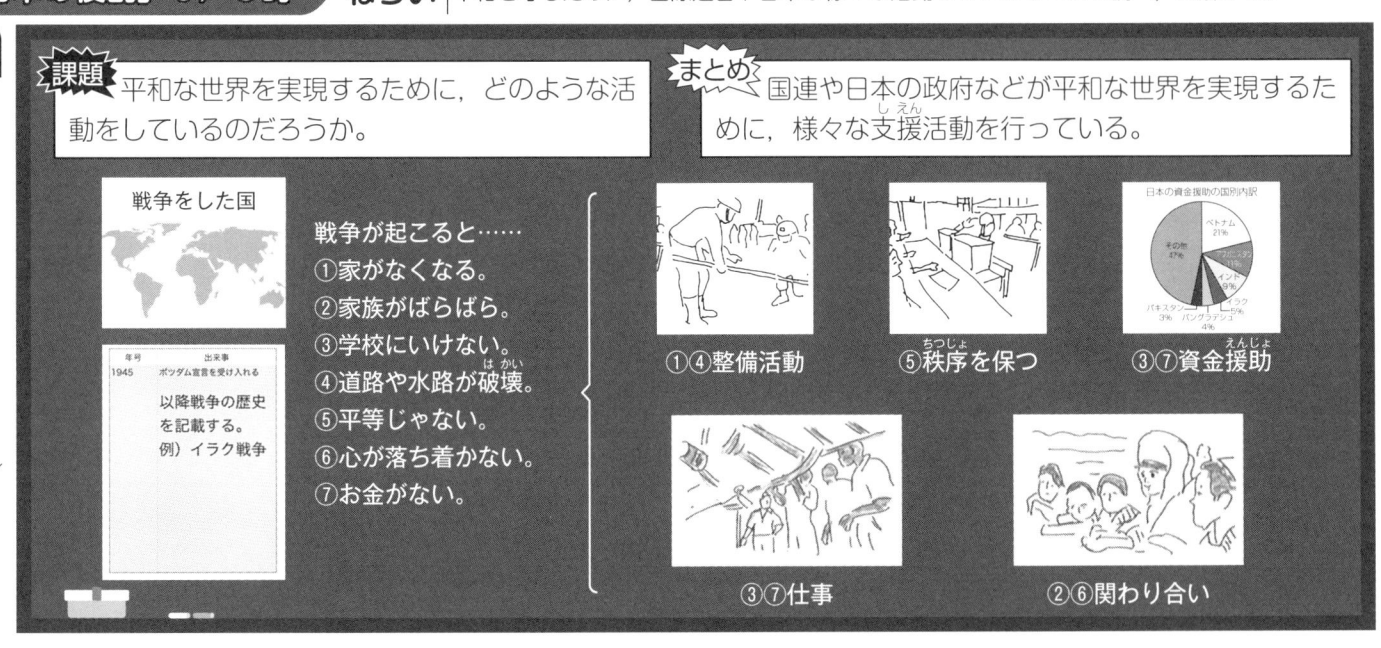

課題 平和な世界を実現するために，どのような活動をしているのだろうか。

まとめ 国連や日本の政府などが平和な世界を実現するために，様々な支援活動を行っている。

戦争をした国

戦争が起こると……
①家がなくなる。
②家族がばらばら。
③学校にいけない。
④道路や水路が破壊。
⑤平等じゃない。
⑥心が落ち着かない。
⑦お金がない。

①④整備活動　⑤秩序を保つ　③⑦資金援助

③⑦仕事　②⑥関わり合い

つかむ（10分）

①世界の戦争の年表を配布し，多くの国が戦争をしていることを確認する。
②戦争していない8か国に着色し，気づいたことを話し合う。
　多くの国が戦争に参加している。
③本時の学習課題を提示する。

調べる（25分）

①戦争や紛争が起こるとどんなことが困るのか話し合い，意見を交流させる。（番号を振る）
②様々な活動の様子を提示し，どの番号の問題につながっているのかを話し合わせる。
③全体で気づいたことや思ったことを話し合う。**Point**

まとめる（10分）

①これらの活動を〈誰が〉行っているのか前時の学習から確認する。
②本時の学習のまとめを書かせる。
③まとめを読み合い，学習の振り返りを書かせる。

本時のポイント…戦争によって起こる問題と，支援活動をつなげることで，何のために組織があるのか，活動をしているのか理解することができます。

「世界の未来と日本の役割」 6／8時

ねらい 地球環境を改善し、持続可能な社会を実現するための方法を考え、表現する。

つけたい力と評価

地球環境の悪化の状況を知り、これからわたしたちがどのようにしていくのかを考え、表現している。

思考力・判断力・表現力等

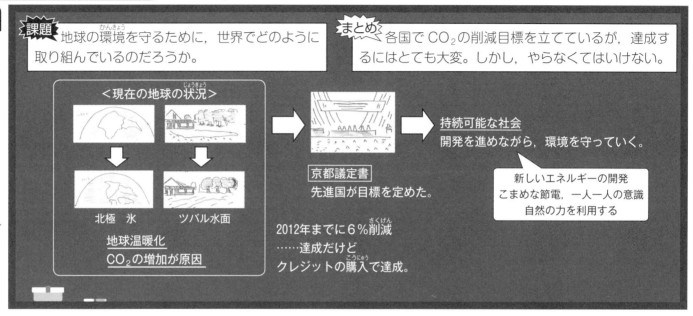

つかむ（5分）
①北極の氷の割合の変化、ツバルの海面上昇の資料から、地球の環境が変化していることを読み取らせる。
②原因を話し合う。
③本時の学習課題を提示する。

調べる（30分）
①「持続可能な社会」の意味を理解する。
②京都議定書について調べ、世界で取り組んでいこうとしていることを知らせる。
　教 じゃあ、世界は大丈夫だね。と問いかけ、実際の結果を提示する。 **Point**
③世界全体でどのように取り組んでいくべきか話し合わせる。

まとめる（10分）
①本時の学習のまとめを書かせる。
②まとめを読み合い、本時の学習の振り返りを書かせる。

本時のポイント…目標を立てたが、達成がとても難しかったことや、しかし達成しないと今後地球が危ないことを理解させます。

2章

授業の流れが一目でわかる！社会科6年板書型指導案

「世界の未来と日本の役割」 7／8時

ねらい チョコレートが貧困問題と関わりが深いことを知り，世界の問題に関心をもつ。

つけたい力と評価

身近なチョコレートが，世界の問題と深い関わりがあることを理解し，世界の問題に関心をもって話し合おうとしている。

主体的に関わろうとする態度

課題 なぜこのチョコレートは高いのだろうか。

まとめ 民間の団体が，農園にお金が渡り児童労働がなくなることを目指して活動をしている。

カカオ
①コートジボワール
②ガーナ
③インドネシア

Chocolate 100円

Chocolate 300円

チョコレートの売り上げの分配表

生産者 は3%
農家で分け合っている。

子どもたちが働いている。
＝児童労働問題

児童労働問題が起こる原因
・貧困・難民・紛争が絶えず，安定した生活ができない環境

わたしたちができる支援の一つ

つかむ（10分）

①チョコレートの原料のカカオを提示（できれば実物）し，産地を確認する。
②フェアトレードと一般的に販売されているチョコレートを提示し，値段の違いを発見させる。
③本時の学習課題を提示する。

調べる（25分）

①チョコレートの売り上げはどのように分配されるのかを調べ，話し合う。
②フェアトレードのチョコレートがある理由を調べ，児童労働問題を理解する。
③フェアトレードについて映像資料等で詳しく調べる。

まとめる（10分）

①本時のまとめを書かせる。
②なぜ，児童労働の問題が起こるのか問題の原因を話し合う。

Point

＊この授業は著者が中学生の頃に受けた一番記憶に残っている授業をモデルに作成しました。

Point 本時のポイント…世界には，このようなどうにもならない状況の子どもたちもいるのだということを知ってほしいと思います。

「世界の未来と日本の役割」 8／8時

ねらい 世界の問題について調べてきたことを生かし，学習問題の結論を表現する。

つけたい力と評価

これまで調べてきたことを生かし，学習問題の結論を表現している。

―――

思考力・判断力・表現力等

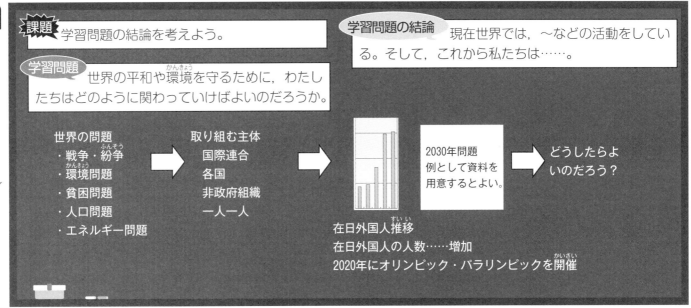

【課題】学習問題の結論を考えよう。

【学習問題の結論】現在世界では，〜などの活動をしている。そして，これから私たちは……。

【学習問題】世界の平和や環境を守るために，わたしたちはどのように関わっていけばよいのだろうか。

世界の問題
・戦争・紛争
・環境問題
・貧困問題
・人口問題
・エネルギー問題

取り組む主体
国際連合
各国
非政府組織
一人一人

2030年問題
例として資料を用意するとよい。

どうしたらよいのだろう？

在日外国人推移
在日外国人の人数……増加
2020年にオリンピック・パラリンピックを開催

つかむ（10分）
①本時の学習課題を提示する。
②学習問題を確認する。

調べる（15分）
①世界にはどのような問題があり，どのような取り組みをしているか板書上でまとめる。
②これからの未来について，在日外国人の数，2030年問題から予想させる。 **Point**

まとめる（20分）
①学習問題について，討論させ，自分の結論を書かせる。
②結論を読み合い，振り返りを書かせる。

本時のポイント…これまで調べたことと2つの資料から，未来について討論し，学習問題の結論を出します。

おわりに

　6年生の社会科は，小学校の最高学年として公民的分野と歴史的分野を学習します。内容がぐっと難しくなります。熟語で表現する記述が多くなり教科書を読むことを嫌がる子どもたちが増える傾向にあります。難しい漢字表記を前にどのように指導してよいか戸惑う社会科指導を苦手とする先生もいらっしゃいます。こんなとき，必要な用語や表記を端的に書き表す板書計画案があると便利です。

　あるとき，わたしが所属する上越教育大学教職大学院で興味深い授業を見ました。学習指導案そのものについて考える授業です。指導案の歴史や役割などを探っていました。ある班は，指導案の一般化を目指そうと日本全国の都道府県市町村の教育センター等で提示されている指導案を集められるだけ集めて比較分類したそうです（個人が作成した指導案を除きます）。面白いことがわかりました。集めた指導案ですべてに含まれる共通した項目は「単元名」だけだったそうです。また，Ａ４判16枚の指導案を求めているところがあることを知り，学生は驚いていました。このようなことを調べていく中で，学習指導案は本当に必要なものなのだろうか，役立つ学習指導案とはどういうものだろうかという疑問が学生の中にわいてきたようでした。

　日常的に学習指導案を作成するとして，最低限必要な項目は何だろうかと学生たちが話し合った結果，出した答えは「1時間の展開案」か「板書計画」だろうということでした。本書は，その「板書計画」を毎時間の社会科の授業に実用的に使えるようにと考えて作成したものです。ぜひ，ご活用ください。

　本書は運命的な出会いが重なってできあがりました。あるとき，わたしが講師を務めるセミナーに紺野先生先生が参加されていて，社会科を中心に自主学習会を開いて「板書型指導案」作成に楽しく取り組んでいるという話を聞いたのです。当時「板書型指導案」の存在を知らなかったわたしは，紺野先生に飛びつきました。詳細に板書型指導案について質問攻めをすると同時に，大学に戻ってから自分なりに調べてみました。本文で紹介した通り，「北海道社会科教育連盟」や「山口県」等で実践の積み重ねはあるようでしたが，「書籍化」されたものは存在せず，一般的に知られていないことがわかりました。もったいないなぁ，これが世の中に出て多くの学校関係者の目に触れることができたらとても価値あることだろうなぁと思いました。今回，幸いなことに明治図書の及川誠さんのご尽力によりこうして出版の運びとなりました。本当に感謝いたします。

　本書は社会科の授業のときにいつも手元に置いてもらって，書き込みをしてもらったり，印を付けてもらったりと，ボロボロになるまで活用していただくことを目指して作成しました。少しでも皆さまの社会科授業実践のお役に立てることを祈っております。

　2019年3月

　　　　　　　　　　　　　　　　　　　阿部　隆幸

【参考文献】
・『板書&展開例でよくわかる社会科授業づくりの教科書6年』朝倉一民著（明治図書　2018年）
・『小学校社会科「重点単元」授業モデル』北俊夫編著（明治図書　2018年）
・『これで，社会科の「学び合い」は成功する！』水落芳明・阿部隆幸編著（学事出版　2018年）
・『小学校　社会科学習指導案　文例集』澤井陽介・廣嶋憲一郎編著（東洋館出版社　2018年）

【資料出典元】
総務省統計局 HP／国立社会保障・人口問題 HP

【著者紹介】

阿部　隆幸（あべ　たかゆき）　1章執筆
上越教育大学教職大学院准教授。日本学級経営学会代表理事。授業づくりネットワーク副理事長。
〈著書〉『「活用・探究力」を鍛える社会科"表現"ワーク小学校編』（明治図書）ほか

紺野　悟（こんの　さとる）　2章分担執筆
埼玉県公立小学校教諭。若手教員サークル轍の会代表。埼玉クローバー学び続ける教師ネットワーク代表。

海老澤　成佳（えびさわ　まさよし）　2章分担執筆
埼玉県公立小学校教諭。埼玉県社会科教育研究会研究部員。第56回全国小学校社会科研究協議会研究大会研究発表校社会科主任。

全単元・全時間の流れが一目でわかる！
社会科6年　365日の板書型指導案

| 2019年3月初版第1刷刊 | ©著　者 | 阿部隆幸・紺野　悟 |
| 2019年6月初版第2刷刊 | | 海老澤成佳 |

発行者　藤　原　光　政
発行所　明治図書出版株式会社
　　　　http://www.meijitosho.co.jp
（企画）及川　誠（校正）杉浦佐和子・㈱東図企画
〒114-0023　東京都北区滝野川7-46-1
振替00160-5-151318　電話03(5907)6704
ご注文窓口　電話03(5907)6668

＊検印省略　　組版所　藤原印刷株式会社

本書の無断コピーは，著作権・出版権にふれます。ご注意ください。

Printed in Japan　　ISBN978-4-18-309842-9

もれなくクーポンがもらえる！読者アンケートはこちらから→

学級経営サポートBOOKS

この一手で学級も授業もこんなに変わる！
変化を生む指導のコツ

1ミリの変化が指導を変える！
学級&授業づくり成功のコツ

大前暁政 著　【2030】A 5 判　1,760 円＋税

学級づくりや授業がうまくいかない先生へ，ちょっと先輩からのミラクルアドバイス。学級で子どものやる気を引き出す条件から，子どもをスマートに率いる5原則，授業を変える「ある意識」から，子どもが授業に食いつく演出アラカルトまで。ピンチをチャンスに変える「この一手」。

学級経営サポートBOOKS

小1プロブレムなんて怖くない！
小1担任の365日必携ガイド

「小1担任」
パーフェクトガイド

浅野英樹 著　【1652】A 5 判　2,100 円＋税

小学1年生は，ワクワクと不安でいっぱい。そんな子どもたちを温かく照らす，小1担任の1年間パーフェクトガイド。入学式前準備からルール指導，学級システム20づくりや行事指導，子どもとのコミュニケーションから保護者対応まで。学校生活の土台を築く必携の1冊です。

学級経営サポートBOOKS

子どものサインには意味がある！
荒れを防ぐ子ども見取り術

ワンランク上の子ども見取り術
学級の荒れを防ぐキーポイント

成瀬 仁 著　【2420】A 5 判　1,660 円＋税

教師に見せる姿はその子のすべて？いいえ，違います。学級担任は子どものサインをしっかり見取り，「次の一手」を打っていく必要があります。それが"学級の荒れ"を防ぐ第一歩だからです。登校時に，授業中に，給食時に，休み時間に。ワンランク上の見取り術を徹底解説。

「この場面ではこうしよう！」場面別で
よくわかるいじめ対応術

WHYとHOWでよくわかる！
いじめ 困った時の指導法 40

千葉孝司 著　【1448】A 5 判　2,000 円＋税

教師が本気でいじめに取り組もうとする時，「困った！」という場面に必ず遭遇します。本書では，いじめ対応での困った場面別に，WHY（なぜそうなったか）とHOW（どのようにすればよいか）の視点から，具体的な対応をまとめました。場面別の会話例も入れた必携の1冊です。

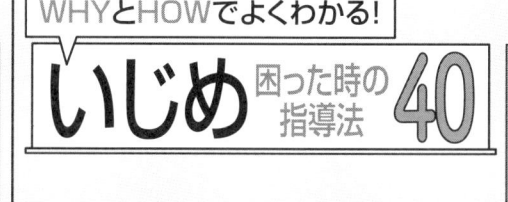

明治図書

携帯・スマートフォンからは **明治図書 ONLINE へ**　書籍の検索、注文ができます。▶ ▶ ▶
http://www.meijitosho.co.jp

＊併記4桁の図書番号（英数字）でHP、携帯での検索・注文が簡単に行えます。

〒114−0023　東京都北区滝野川7−46−1　ご注文窓口　TEL 03−5907−6668　FAX 050−3156−2790

小学校社会科 活動あって学びあり！ アクティブ・ラーニング 21の授業プラン

言語活動と学びのプロセスを重視した社会科AL授業プラン

米田 豊 編著【2565】A5判 1,960円+税

「資料」「体験」「調査」「表現」4つの視点で展開する社会科アクティブ・ラーニング！習得・活用・探究の学習プロセスを重視し，読み取り・解釈・説明・論述の言語力のレベルも踏まえた具体的な授業プランを，豊富に収録しています。社会科AL授業づくりに必携の1冊です！

子ども熱中！小・中学社会 「アクティブ・ラーニング」授業モデル

子どもが主体的に考え発言したくなる社会科授業づくりの秘訣

朝倉一民 著

小学社会【2564】A5判 1,760円+税
中学社会【1918】A5判 1,900円+税

「アクティブ・ラーニング」は社会科でこう実現できる！ディベートやスマートフォンを取り入れた授業から誰もが取り組めるゲーム教材まで。子どもがアクティブに動かずにはいられない授業モデルを学年別・分野別に厳選して紹介。教師と子どもの授業場面のやり取りも会話形式で収録。

生徒が夢中になる！アクティブ・ラーニング&導入ネタ80

社会でアクティブ・ラーニング！導入&わくわく活動ネタ集

中学歴史 / 中学公民

中学歴史 乾 正学 著【2059】A5判 1,700円+税
中学公民 橋本康弘 編著【2060】A5判 1,700円+税

知識も伸ばし活動の意欲も引き出す！ 生徒が夢中になる中学社会授業ネタ80選。導入で子どもを引き込む授業ネタから，アクティブ・ラーニングを実現する学びのプロセスを入れた活動ネタまで。生徒を主体的な学びに導く「目からウロコ」の授業ネタ集です。

小学校/中学校 社会科の授業プラン

アクティブ・ラーニングを位置づけた

小原 友行 編著

小学校編【2771】B5判 2,200円+税
中学校編【2548】B5判 2,200円+税

即実践できるアクティブ・ラーニングの事例が満載！

「主体的・対話的で深い学び」とのかかわりがよく分かるアクティブ・ラーニングの授業プランを，学年・領域別・単元別に授業中の資料や対話場面も入れた形で豊富に収録。見方・考え方から子供の社会認識のとらえまで，ALの評価の手立ても詳しく解説しています！

明治図書

携帯・スマートフォンからは 明治図書ONLINEへ 書籍の検索，注文ができます。▶▶▶

http://www.meijitosho.co.jp

＊併載4桁の図書番号（英数字）でHP、携帯での検索・注文が簡単に行えます。

〒114-0023 東京都北区滝野川7-46-1　ご注文窓口　TEL 03-5907-6668　FAX 050-3156-2790

深い学びを実現する！新しい社会科授業＆評価ナビゲート

思考力・判断力・表現力 \を鍛える/ 新社会科の指導と評価

北　俊夫　著　【2136】Ａ５判　2,100円＋税

社会科で「主体的・対話的で深い学び」をどう実現するか？「思考力・判断力・表現力」を核にすえながら，子どもたちの見方・考え方を鍛える授業づくりと評価のポイントを丁寧に解説。評価テスト例も入れた「資質・能力」を身につける新しい社会科授業ナビゲート決定版！

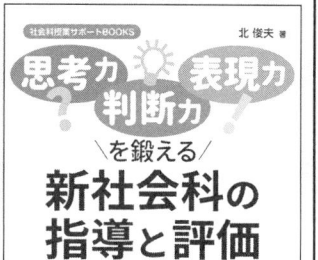

子ども熱中間違いなし！「アクティブ社会科」授業ネタ

主体的・対話的で深い学びを実現する！ 100万人が（受けたい）社会科アクティブ授業モデル

河原和之　編著　【2581】Ａ５判　1,900円＋税

100万人が受けたい！シリーズの河原和之先生の編著による，「主体的・対話的で深い学び」を切り口とした社会科授業モデル集。子どもの「興味」をひきつける魅力的な教材と，ワクワクな展開を約束する授業の秘訣とは。「深く，楽しく」学べる社会科授業づくり決定版!

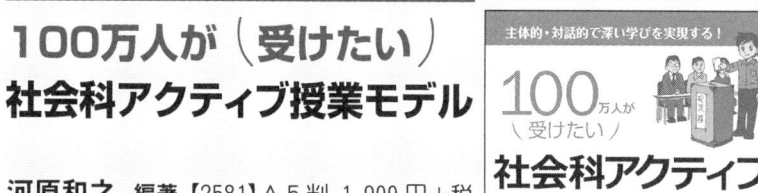

大改訂された学習指導要領本文の徹底解説と豊富な授業例

平成29年版 小学校 中学校 新学習指導要領の展開 社会編

小学校
北　俊夫・加藤寿朗　編著
【3279】Ａ５判　1,800円＋税

中学校
原田智仁　編著
【3342】Ａ５判　1,800円＋税

改訂に携わった著者等による新学習指導要領の各項目に対応した厚く，深い解説と，新学習指導要領の趣旨に沿った豊富な授業プラン・授業改善例を収録。圧倒的なボリュームで，校内研修から研究授業まで，この1冊で完全サポート。学習指導要領本文を巻末に収録。

子ども熱中間違いなし！河原流オモシロ授業の最新ネタ

続・100万人が受けたい 「中学社会」ウソ・ホント？授業シリーズ

河原和之　著

中学地理
【2572】Ａ５判　1,700円＋税

中学歴史
【2573】Ａ５判　1,700円＋税

中学公民
【2574】Ａ５判　1,700円＋税

100万人が受けたい！「社会科授業の達人」河原和之先生の最新授業ネタ集。「つまものから考える四国」「平城京の謎を解く」「"パン"から富国強兵を」「わくわく円高・円安ゲーム」「マンガで学ぶ株式会社」など，斬新な切り口で教材化した魅力的な授業モデルを豊富に収録。

明治図書

携帯・スマートフォンからは **明治図書 ONLINE へ**　書籍の検索，注文ができます。　▶▶▶

http://www.meijitosho.co.jp

＊併記４桁の図書番号（英数字）でHP，携帯での検索・注文が簡単に行えます。

〒114－0023　東京都北区滝野川７－46－１　ご注文窓口　TEL 03－5907－6668　FAX 050－3156－2790

新科目「公共」の授業を成功に導くポイントを徹底解説！

高校社会 「公共」の授業を創る

橋本康弘 編著 【2538】Ａ５判 2,000円＋税

平成30年3月に告示された新科目「公共」の学習指導要領をもとに、求められる「持続可能な社会形成者としての市民育成」「18歳選挙権に伴う主権者教育の充実」，また「主体的・対話的で深い学び」をどのように実現するか。授業づくりのポイントを徹底解説しました。

「主体的・対話的で深い学び」を実現する 社会科授業づくり

北 俊夫 著 【2536】Ａ５判 2,000円＋税

改訂のキーワードの一である「主体的・対話的で深い学び」を、どのように社会科の授業で実現するか。①「見方・考え方」の位置付け方②系統性もふまえた「知識」の明確化③教科横断的な指導④評価のポイントの解説に加え、具体的な指導計画＆授業モデルをまとめました。

Q&Aでよくわかる！ 見方・考え方を育てる パフォーマンス評価

西岡 加名恵・石井 英真 編著
【2779】Ａ５判 2,000円＋税

「本質的な問い」に対応するパフォーマンス課題をカリキュラムに入れることで、教科の「見方・考え方」を効果的に育てることができる！目標の設定や課題アイデアから、各教科の授業シナリオまで。「見方・考え方」を育てる授業づくりのポイントをＱ＆Ａで解説しました。

明治図書

携帯・スマートフォンからは **明治図書ONLINE** へ　書籍の検索、注文ができます。▶▶▶
http://www.meijitosho.co.jp
＊併記4桁の図書番号（英数字）でHP、携帯での検索・注文が簡単に行えます。

〒114-0023　東京都北区滝野川7-46-1　ご注文窓口　TEL 03-5907-6668　FAX 050-3156-2790

小学校 新学習指導要領 社会の授業づくり

改訂のキーマンが，新CSの授業への落とし込み方を徹底解説！

澤井陽介 著 【1126】四六判 1,900円＋税

資質・能力，主体的・対話的で深い学び，社会的な見方・考え方，問題解決的な学習…など，様々な新しいキーワードが提示された新学習指導要領。それらをどのように授業で具現化すればよいのかを徹底解説。校内研修，研究授業から先行実施まで，あらゆる場面で活用できる1冊！

中学校 新学習指導要領 社会の授業づくり

改訂のキーマンが，新CSの授業への落とし込み方を徹底解説！

原田智仁 著 【2866】A5判 1,800円＋税

資質・能力，主体的・対話的で深い学び，見方・考え方，評価への取り組み…など，様々な新しいキーワードが提示された新学習指導要領。それらをどのように授業で具現化すればよいのかを徹底解説。校内研修，研究授業から先行実施まで，あらゆる場面で活用できる1冊！

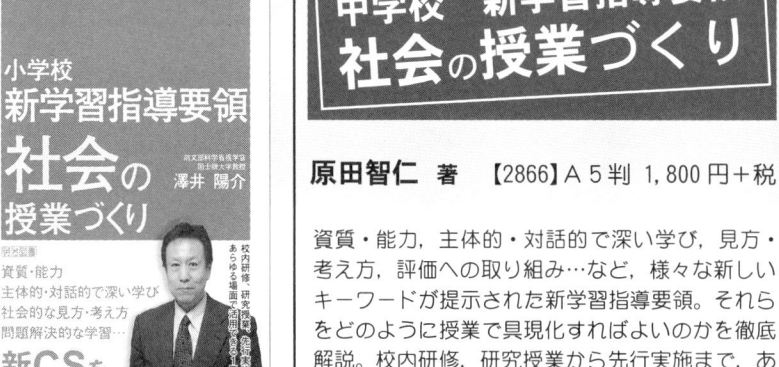

社会科授業サポートBOOKS 小学校社会科 「新内容・新教材」指導アイデア 「重点単元」授業モデル

「重点単元」「新教材・新内容」の授業づくりを完全サポート！

北 俊夫 編著 【2148, 2329】
A5判 2,000円＋税

平成29年版学習指導要領「社会」で示された「新内容・新教材」「重複単元」について，「主体的・対話的で深い学び」の視点からの教材研究＆授業づくりを完全サポート。キーワードのQ&A解説と具体的な指導計画＆授業モデルで，明日からの授業づくりに役立つ必携バイブルです。

主体的・対話的で深い学びを実現する！ 板書＆展開例でよくわかる 社会科 授業づくりの教科書
3・4年　5年　6年

1年間365日の社会科授業づくりを完全サポート！

朝倉一民 著
3・4年 【2285】B5判 2,200円＋税
5年 【2293】B5判 2,800円＋税
6年 【2296】B5判 2,800円＋税

1年間の社会科授業づくりを板書＆展開例で完全サポート。①板書の実物写真②授業のねらいと評価③「かかわる・つながる・創り出す」アクティブ・ラーニング的学習展開④ICT活用のポイントで各単元における社会科授業の全体像をまとめた授業づくりの教科書です。

明治図書

携帯・スマートフォンからは **明治図書 ONLINE へ** 書籍の検索，注文ができます。▶▶▶
http://www.meijitosho.co.jp
＊併記4桁の図書番号（英数字）でHP，携帯での検索・注文が簡単に行えます。

〒114－0023 東京都北区滝野川7－46－1 ご注文窓口 TEL 03－5907－6668 FAX 050－3156－2790